ÉTUDE

SUR LES

MARCHÉS A TERME

EN MARCHANDISES

ET LEUR LIQUIDATION

VERSAILLES

CERF ET FILS, IMPRIMEURS

59, RUE DUPLESSIS, 59

ÉTUDE

SUR LES

MARCHÉS A TERME

EN MARCHANDISES

ET LEUR LIQUIDATION

PAR

OLIVIER SENN

AVOCAT, DOCTEUR EN DROIT

PARIS

LIBRAIRIE GUILLAUMIN ET Cie

Éditeurs du *Journal des Économistes*, de la *Collection des principaux Économistes*,
du *Dictionnaire de l'Economie politique;*
du *Dictionnaire du Commerce et de la Navigation*, etc.

RUE RICHELIEU, 14.

—

1888

ÉTUDE

SUR LES

MARCHÉS A TERME EN MARCHANDISES

ET LEUR LIQUIDATION

AVANT-PROPOS

I

Sous le nom de marchés à terme, je désire étudier les ventes à livrer pures et simples, celles qui n'ont pas lieu par navire désigné ou à désigner. Très analogues, au point de vue purement juridique, aux ventes par navire, elles jouent, dans la vie du commerce, un rôle profondément différent.

Les auteurs en parlent peu; ils ne s'en occupent guère, ainsi que la jurisprudence, que pour étudier les questions très délicates que soulève leur liquidation, lorsque, ainsi qu'il est d'usage, la livraison se fait par filières.

Et lorsque la jurisprudence et les auteurs s'en sont occupés, il me semble que, souvent, ils ne les ont pas entièrement compris.

Trompés par l'analogie des formes, ils ont tendu à assimiler le marché à terme en marchandises, au marché à terme passé sur les valeurs mobilières; et lorsque l'exception de jeu était admise, ils l'appliquaient avec la même rigueur.

Je voudrais, examinant le marché à terme, non seulement

au point de vue juridique, isolément, mais aussi dans les diverses combinaisons commerciales auxquelles il se prête avec une admirable souplesse, le montrer servant de base au commerce d'importation, aux opérations industrielles faites à longue échéance, aussi bien que d'instrument à la spéculation la moins raisonnée.

Toute autre expression que celle de marché à terme précisait mal mon sujet. Vente à livrer comprend la vente maritime. L'expression de *vente à découvert*, quelquefois employée, a le tort, qu'elle soit prise en un sens plus ou moins strict [1], de préjuger imprudemment une question.

L'usage commercial a, du reste, adopté l'expression de marché à terme. Il distingue trois sortes de marché, suivant que la marchandise est vendue disponible, livrable ou à terme (on dira en anglais *spot cotton, cotton to arrive, cotton on delivery* ou *future*), et dans la langue courante on dit : vendre du disponible, du livrable, du terme.

Pour distinguer nettement le marché à terme, faire comprendre aussi certaines combinaisons commerciales, j'essaierai de définir la vente en disponible et la vente maritime avec quelque précision, tant comme choses de droit que comme opérations commerciales.

Voulant enfin donner une idée du commerce au plus haut degré de précision et de développement qu'il ait encore atteint, je m'attacherai surtout à décrire les procédés du commerce transatlantique, qui met en communication le grand continent producteur, l'Amérique, avec l'Europe.

---

1. Au sens le plus large; il y a vente à découvert lorsque le vendeur n'a pas entre les mains la chose vendue au moment du contrat.

II

Les marchandises qui en sont l'objet, les blés, le coton, le café, etc., sont de consommation générale et nécessaire ; l'Europe ne les produit pas ou ne les produit qu'en quantités insuffisantes. L'ampleur des transactions faites et leur utilité suffiraient à donner à ce commerce une importance particulière ; mais son trait distinctif, son originalité, est dans la rigueur avec laquelle il a su déterminer certains types, certaines formes commerciales, et imposer aux négociants, sur des places, dans des pays différents, des usages et des institutions analogues, souvent même uniformes.

La nécessité d'épargner du temps, en n'ayant à convenir que des éléments essentiels d'un marché, le besoin de prévenir les malentendus, les différends, de leur assurer une prompte et équitable solution, semblent avoir fait naître, à un moment donné, un désir intense de règlementation.

Restait à trouver une autorité commune qui fût non seulement compétente, mais capable d'instituer une règlementation minutieuse, mobile, en même temps, comme les besoins mêmes et les formes du commerce.

Un même moyen s'est imposé à New-York comme à Liverpool, à Londres comme à Brême : l'organisation, entre tous les membres d'un même commerce sur une même place, d'associations, de *corporations* véritables, fort libérales, sans doute, si on les rapproche de celles de l'ancien régime, mais qui resserrent néanmoins la liberté de leurs membres dans des limites très étroites, et qui jouissent, en vertu de leurs origines, d'un véritable monopole de fait.

Les statuts de ces associations excluant du local commun de la Bourse construite tous autres que les membres, et leur imposant, dans les transactions, des conditions fort dures, une minorité dissidente est vite contrainte de se rallier.

L'admission dans l'Association est soumise à certaines formalités et à certaines conditions, dont les principales sont l'élection, sur avis conforme du Conseil d'Administration , et, suivant la forme adoptée, l'achat d'une action, ou le paiement d'un droit d'entrée, qui s'élève, au New-York-Cotton-Exchange, jusqu'à 10,000 dollars. Une part (*membership*) est ainsi acquise dans l'Association, et peut être cédée, en cas de mort ou de démission, à un nouveau membre, agréé comme tel par le Comité. En cas de faillite ou d'exclusion, cette part de membre sera vendue publiquement.

A New-York, à côté du but commercial, le Cotton-Exchange affecte le caractère d'une institution de prévoyance, dans l'intérêt des veuves et des enfants des membres décédés.

Très développés et souvent très bien rédigés, les règlements prévoient tout. Ils établissent, pour les ventes en disponible, à livrer par navire et à terme, des modèles de marchés, qui doivent être employés par tous les membres. Ils en développent chaque clause en l'expliquant, en entrant dans tous les détails. Quelques-unes, en particulier celle qui renvoie, pour l'interprétation du marché, au Règlement, et celle qui soumet à l'arbitrage toutes les difficultés à naître, ne peuvent être supprimées.

Les marchés à terme, faits en dehors des heures de bourse, sont considérés comme nuls. Tous les cas de résiliation sont prévus, et la manière d'arrêter les dommages-intérêts est établie : on tiendra compte, dans le règlement à intervenir, d'une pénalité, mise à la charge de la partie qui est en faute et calculée à raison de tant par livre, sur la quantité portée au marché ; la quotité étant fixe ou arbitrable entre un maximum et un minimum.

Des Commissions d'arbitrage et d'appel sont instituées.

Des garanties, exigibles entre vendeur et acheteur, sont

déterminées, ainsi que certains procédés de liquidation des marchés, soit avant le terme, soit à la suite de la livraison.

Des types et des procédés de classification de la marchandise sont adoptés.

Tout, enfin, est prévu ; et, en remplissant, en quelques traits de plume, les blancs laissés dans un modèle de marché, les parties acceptent, par voie de référence, toutes les conventions contenues dans les cent pages du règlement.

L'uniformité des procédés sur une même place et pour un même article est ainsi obtenue. Mais le mouvement ne s'arrête pas là.

En concurrence les uns avec les autres, vis-à-vis des industriels et commerçants de l'Europe centrale, les négociants des différents ports d'importation, Liverpool, Londres, Anvers, Hambourg, le Havre, feront à leur clientèle étrangère les mêmes facilités ; pour faire ressortir les avantages qu'ils leur offrent, ils établiront un prix de revient de la marchandise basé sur les mêmes conditions, quant au fret, l'assurance, la tare, etc.

Si l'on considère, en outre, la très forte proportion de l'élément cosmopolite dans le commerce d'une de ces villes ; l'habitude où sont les négociants de voyager, de connaître les langues étrangères, d'avoir souvent plusieurs maisons dans différentes contrées ; la vulgarisation qui résulte de la rédaction de règlements développés, adressés par les négociants d'une ville à leurs correspondants ; la tentative subie, lorsque, sur une autre place, un travail analogue est entrepris, de s'approprier purement et simplement tout ou partie de ces règlements ; on comprendra que graduellement les différences s'effacent, qu'un droit commercial international (en donnant à ce mot le sens d'*uniforme*) se développe rapidement.

III

Plus que les autres places de commerce françaises, le Havre participe à ce mouvement. Aussi, étudierai-je plus particulièrement les procédés, les usages de la place du Havre ; et, pouvant le faire connaître moins imparfaitement, j'adopterai, comme une sorte d'exemple perpétuel, le commerce des cotons, tel qu'il se pratique sur cette place : donnant ainsi quelque idée de détails, de circonstances de fait qui peuvent prendre, dans certains procès, une importance prépondérante.

Pas plus que dans les autres villes de France, le commerce du coton ou du café ne s'est constitué au Havre en une corporation. Il est donc impossible de se procurer des règlements généraux, constatant et établissant au besoin, avec pleine autorité, un ensemble complet d'usages commerciaux.

Mais une délibération de la Chambre de Commerce, du 26 août 1853, constate certains usages ; un accord, intervenu entre la plupart des maisons qui s'occupent de cotons, a établi, depuis 1884, certaines conditions pour les ventes de coton disponible ou livrable ; un règlement pour les marchés à terme est en usage depuis le 1er juin 1877, et reproduit par les marchés imprimés. Enfin, l'enregistrement par la Caisse de liquidation de la plupart des marchés à terme rend le règlement de la Caisse applicable.

Pour expliquer les dispositions les moins claires, combler les lacunes des règlements, il faut s'adresser à la jurisprudence. Les éléments de tous les tribunaux de commerce étant assez variables, on trouve un peu de tout dans les jugements : mais certains principes intéressants en ressortent avec beaucoup de force et de netteté, ainsi qu'une tendance très générale à mettre le droit d'accord avec l'équité : c'est, enfin, aux jugements du tribunal et au témoignage des commerçants qu'il faut s'adresser pour connaître la portée, le sens exact de certaines clauses, de certains usages très laconiquement formulés par la Chambre de Commerce.

IV

Après une étude sommaire de la vente en disponible et de la vente maritime, j'essaierai de dégager les caractères distinctifs du marché à terme, pur et simple ou à option ; d'indiquer les garanties dont on l'entoure, les divers procédés de liquidation employés et les difficultés juridiques soulevées.

L'opinion publique, la législation, la jurisprudence se sont souvent montrées sévères pour les marchés à terme ; je me demanderai quel rôle ils jouent appliqués aux marchandises, et ce qu'il faut penser de l'article 419, et des faits qu'il a voulu réformer, sans me dissimuler l'insuffisance de mes observations sur un sujet qui voudrait de longs développements.

V

Une semblable étude ne peut valoir que par un caractère général de vérité, d'exactitude ; ignorant des choses du commerce, je n'aurais pu l'entreprendre si je n'avais compté sur de précieux concours qui ne m'ont pas fait défaut, et auxquels je dois tant les documents eux-mêmes que les explications nécessaires à leur mise en œuvre. Aussi j'espère que les erreurs matérielles sont rares dans cette étude : il faut tenir compte cependant, à ce point de vue, en ce qui concerne surtout les places étrangères, de l'écart qui existe toujours entre le règlement, qui est de la théorie, et la réalité des faits, et de la mobilité des usages et des formes commerciales.

CHAPITRE PREMIER

VENTES EN DISPONIBLE

I. — La marchandise est disponible lorsqu'elle est sur les lieux, prête à livrer ; lorsqu'elle peut être examinée par l'acheteur et mise par le vendeur à sa disposition immédiatement ou dans un très bref délai.

Cette condition est nécessaire pour qu'il y ait vente en disponible : le marché qui donnerait, par exemple, au vendeur toute la semaine suivante pour offrir livraison, ne constituerait pas une vente en disponible (J. M., 1870, I, 235).

Il ne faut cependant pas l'interpréter avec une rigueur excessive. C'est ainsi qu'au Havre une vente est cotée comme disponible du moment où le navire portant la marchandise est entré dans le port, et où le déchargement est commencé (J. H., 1883, I, 53).

La jurisprudence de Marseille se montre plus rigoureuse : il faut que la marchandise soit en magasin ou à bord d'un navire dans le port, mais placée de manière à pouvoir être facilement examinée (J. M., 1850, I, 265).

C'est qu'un très ancien usage de Marseille donne à l'acheteur en disponible le droit, dans un délai qui varie suivant les articles, de un à trois jours, d'*agréer* la marchandise, c'est-à-dire d'opter librement, après l'avoir examinée, entre l'exécution de la vente et son inexécution. Il devenait, dès lors, très important de distinguer nettement, strictement la vente en disponible de la vente à livrer pour ne pas étendre à cette dernière le droit exorbitant du vendeur.

La vente sera cependant considérée comme faite en disponible si quelque fait, quelque obstacle matériel vient, postérieurement à la vente, empêcher la vérification de la marchandise dans le délai normal ; l'acheteur exercera son droit d'agrément, lorsque rien ne s'opposera plus à cette vérification. (J. M., 1869, I, 13).

Des marchandises en cours de voyage sont vendues purement et simplement ; non prévenu, l'acheteur a dû croire la marchandise disponible ; il pourra la considérer comme telle, puisque le vendeur est en faute, et qu'il y trouve son intérêt ; il pourra user, à l'arrivée des marchandises, de son droit d'agrément (1864, I, 274, J. M.).

Nécessaire, cette condition de la disponibilité de la marchandise suffit, à elle seule, à caractériser la vente en disponible.

Plusieurs auteurs, entre autres M. Ripert (Vente commerciale, p. 145), tout en la reconnaissant essentielle, ne l'ont pas mise à son plan ; le trait principal, caractéristique de la vente en disponible serait, d'après eux, le droit de vue en sus accordé à l'acheteur.

Cette théorie s'accorde mal avec ce fait que partout ailleurs qu'à Marseille, on vend et on achète, suivant l'expression usitée, *du disponible*, et qu'il faut cependant une clause formelle pour qu'il y ait ce qu'on appelle à Bordeaux une vente *gré dessus*, à Paris, une vente *avec vue dessus*.

L'usage de Marseille n'a du reste qu'une portée, celle de sous-entendre cette clause, d'en faire une convention tacite ; pour écarter la présomption, il suffit, ou bien que les parties insèrent la clause *vu et agréé*, ou même que la vente ait été faite sur échantillon ou avec indication de qualité (J. M., 1856, I, 138; 1863. I, 45; 1869, I, 63, etc.). En tous ces cas, le droit de vue en sus étant exclu par l'intention manifeste des parties, cessons-nous d'être en présence d'une vente en disponible? Non, ainsi qu'il ressort de deux jugements de Marseille (J. M., 1877, I, 330; 1878, I, 216).

Le droit de vue en sus n'est donc, même à Marseille, que de la nature de la vente en disponible, non de sa substance.

II. — Si l'on en vient à se demander quelle est la nature exacte du droit ainsi accordé à l'acheteur, on ne saurait mieux le définir qu'en le qualifiant, avec un jugement de Marseille (J. M., 1870, I, 103), de *droit d'option*.

L'acheteur est absolument libre, il n'a aucune raison à donner. Il ne peut du reste, cela est évident, qu'accepter ou refuser la marchandise purement et simplement et ne saurait l'exiger avec bonification (J. M., 1862, I, 108). Et si le déplacement de la marchandise, pour la lui montrer, a occasionné des frais, il doit les supporter (1877, I, 284).

L'agrément de la marchandise par l'acheteur ou l'insertion dans la vente de la clause vu et agréé, qui a les mêmes effets, rend l'acheteur non recevable à élever des réclamations sur la *qualité* de la marchandise (1856, I, 138).

Mais il peut agir en résolution lorsque la marchandise n'est pas de la *provenance* indiquée, ou manque de tout autre caractère (estampille, marque, etc.) que les parties ont considéré comme substantiel; en tous ces cas, en effet, le vendeur prétend livrer autre chose que ce qu'il a vendu (J. M., 1861, I, 222; 1862, I, 317).

Le délai accordé à l'acheteur s'est écoulé sans qu'il se soit prononcé; quelle est la situation?

Il semble bien, à première vue, qu'il faille voir dans le droit de vue en sus, une condition suspensive d'agrément de la marchandise par l'acheteur ; de même qu'il y a, dans le cas très voisin que prévoit l'article 1587 du Code civil, condition suspensive de dégustation.

Faute d'exercice, dans le délai, de la faculté d'agrément, la condition serait défaillie, la vente non avenue.

Si d'autre part une convention expresse ou tacite, un usage faisait du droit d'agréer une condition résolutoire, une fois le délai expiré, le marché est devenu ferme.

L'usage de Marseille n'accepte aucune de ces deux solutions ; il se formule en ces deux décisions, reproduites dans un grand nombre de jugements ; l'acheteur n'est plus recevable à réclamer l'exécution de la vente — il n'est plus recevable à refuser la marchandise.

Et ne pourrait-on pas expliquer ce système en disant ; l'agrément de la marchandise est un droit pour l'acheteur, mais c'est aussi une obligation ; il doit se prononcer dans le délai convenu ; s'il ne le fait pas, il y a inexécution du contrat, d'où, aux termes de l'art. 1184, résolution au profit du vendeur. Et le droit à la résolution lui sera acquis par l'inaction de l'acheteur dans le délai donné, sans qu'il soit besoin de lui adresser une mise en demeure ; plus encore que dans le cas de l'article 1657, cette solution est conforme à l'intention probable des parties ; on donnerait sans cela, à l'acheteur, un moyen commode de tenir, plus longtemps qu'il n'est d'usage, le vendeur à sa discrétion.

Dès lors, les rôles sont renversés ; le vendeur peut opter entre l'exécution du contrat et sa résolution ; mais il n'a pas le droit de tenir l'acheteur indéfiniment dans l'indécision ; mis en demeure, il doit se prononcer.

S'il opte pour l'exécution de la vente, elle devient *ferme* ; le délai étant écoulé, la faculté d'agrément n'existe plus ; on se trouve dans la même situation que si la marchandise avait été acceptée, ou achetée avec la clause vu et agréé : de même qu'en ces deux cas l'acheteur ne pourra refuser la marchandise, ni demander de bonification pour défaut de qualité ; il pourra au contraire la refuser, si elle n'est pas de la provenance ou de l'espèce indiquée, ces qualités étant substantielles (J. M., 1861, I, 222 ; 1862, I, 317 ; 1867, I, 32 ; 1870, I, 103 ; 1873, I, 110).

Le vendeur peut préférer la résiliation, et disposer de la marchandise, considérant la vente comme non avenue (J. M., 1862, I, 109 ; 1866, I, 235).

La vente en disponible telle que je viens de la décrire d'après les usages de Marseille, a pu convenir à un temps où les communications étaient lentes, où le télégraphe n'était pas connu ; elle se comprend encore, appliquée à des marchandises d'importance secondaire ; elle est absolument inadmissible pour les marchandises importantes, qui sont achetées et vendues à terme en quantités considérables, et gagnent ou perdent en une seule bourse jusqu'à 10 ou 15 pour cent de leur valeur. Avec un peu de lourdeur, le marché en disponible suit forcément ces variations ; et c'est tout au plus si on peut, lorsque de trop grands mouvements ne sont pas à craindre, donner une affaire *ferme en main* à un acheteur pendant une demi-heure, une heure ou même quelquefois le temps nécessaire pour avoir une réponse télégraphique.

Même à Marseille, on s'est lassé des abus auxquels donnait lieu la faculté d'agrément. De petites maisons du Levant, sachant qu'un courrier de tel endroit leur arriverait à un certain jour et pourrait leur apporter quelques ordres, achetaient par exemple 300 sacs de café chez divers détenteurs, qui se trouvaient engagés et ne pouvaient disposer de leur marchandise, le courrier apportant des ordres pour 10 sacs, elles résiliaient tous les autres lots. De là l'habitude, qui s'établit de plus en plus, d'insérer dans les ventes en disponible la clause « *marchandise à agréer dans la journée* », ou même la clause « *vu et agréé* ».

III. — Au point de vue commercial, le caractère distinctif des ventes en disponible est de supposer, chez l'acheteur et le vendeur, une connaissance approfondie, détaillée de la marchandise. C'est ce qui en fait par excellence des affaires de consommation.

Prenons comme exemple le commerce du coton au Havre.

Un lot, importé sous une désignation d'ensemble, est classé pour le compte de son propriétaire, par les soins du courtier chargé de le vendre. Le classement se fait balle par balle, et, s'il y a lieu, si les différences sont importantes, de ce lot unique, on en forme plusieurs, formés de balles à peu près identiques quant à la désignation et à la qualité. Grand soin doit être pris pour que les échantillons tirés, et qui représentent chaque lot dans la chambre du courtier, donnent une idée exacte du lot dans son ensemble. Le coton sera vendu sur ces échantillons[1] entre négociants de la place; si l'on veut vendre à un filateur de l'intérieur, on prélève un échantillon et on le lui adresse; il peut en constater la qualité exacte et assurer ainsi une chose à laquelle il tient surtout : la régularité de sa fabrication. Tout industriel préférera, en effet, même sans écart de prix, la qualité qu'il emploie à l'ordinaire à une qualité un peu supérieure, à laquelle sa clientèle s'habituerait trop vite.

Rien n'empêche du reste la vente en disponible d'avoir un caractère nettement spéculatif. C'est ainsi qu'en vue d'un *corner*, on achètera aussi bien en disponible qu'à terme, tout autant du moins que les ressources dont on dispose le permettront. Et un calcul très légitime poussera à de grands achats en disponible, arbitrés avec du terme, lorsque des avis particuliers feront croire, pour la récolte prochaine, à une qualité très inférieure. On achètera volontiers enfin,

---

1. L'usage est de qualifier ces ventes, au Havre, *ventes sur classement*, réservant le nom de *ventes sur échantillon* à celles qui sont faites livrables par navire, qualité conforme à un échantillon d'Amérique.

même sans en avoir le placement immédiat, une marchandise d'une qualité supérieure, lorsque l'écart des prix, avec la qualité inférieure, est faible, et doit tendre à augmenter.

Mais la spéculation même sera, en ces deux derniers cas tout au moins, fondée sur la qualité de la marchandise.

A l'étranger, où on est souvent forcé de faire coter les affaires à terme (règlements de New-York, sect. 90), rien n'impose en général la cote des affaires en disponible. De même au Havre ; et, de par la volonté des parties, beaucoup d'affaires échappent à la cote.

On peut, du reste, ne pas donner son nom tout en laissant coter une affaire : on cote 100 balles Low Middling S à X.

Mais on craint souvent que la simple mention de l'affaire conclue, son importance, et la qualité de la marchandise vendue n'indiquent suffisamment le client pour lequel on a acheté, et ne provoquent de la part de maisons concurrentes des offres de services.

IV. — Les conditions fixées par l'usage, sur les différentes places et pour les différentes marchandises, varient à l'infini, en ce qui concerne la livraison, le mode de paiement, etc.

L'usage pour certaines marchandises est de calculer le prix sur le poids brut, sans déduire l'emballage.

Lorsqu'on calcule sur le poids net, l'usage fait présumer, pour le contenant d'une marchandise, qu'on peut vouloir éviter de déballer, un certain poids : c'est ce qu'on appel la *tare légale*, la *tare réelle* étant le poids de l'emballage, tel qu'il ressort d'un pesage effectué.

A la tare légale, s'ajoutent le don et le surdon, basés sur des déchets de la marchandise, et des additions à l'emballage, qui sont en quelque sorte forcés.

C'est ainsi qu'au Havre, pour les cotons d'Amérique, il y a 4 0/0 de tare légale, 1/2 0/0 de don pour pièces et bords ordinaires ; 1/2 0/0 de surdon pour pièces et bords extraordinaires : soit au total 5 0/0 qu'on déduit du poids brut pour établir le poids net ou de facture.

Ceci pour l'emballage proprement dit : pour compenser les cercles en fer qui entourent la balle, on en met un nombre égal dans l'autre plateau de la balance.

L'acheteur a, du reste, la faculté, s'il y trouve son avantage, de réclamer jusqu'à la fin de la livraison, la tare réelle.

Les termes de paiement varient également suivant les usages.

A Marseille, l'acheteur en disponible a un délai de dix jours pour payer, sauf clause contraire.

A New-York, Liverpool, le Havre, etc., la règle du paiement comptant l'emporte dans l'usage : un certain escompte, accordé à l'acheteur, semble être, au Havre, un vestige d'usages différents : on paie, valeur à quatre mois et quinze jours : c'est donc, à 6 0/0, un escompte de 2 1/4 0/0 qui est accordé.

CHAPITRE II

VENTES MARITIMES

**A. Les ventes maritimes considérées au point de vue
juridique.**

I. — Dans la vente à livrer pure et simple, dans le marché à terme, le contrat détermine, outre les deux éléments
essentiels, la chose vendue et le prix, l'époque où la livraison
devra se faire. Il la détermine directement ; la clause d'usage est lorsqu'il s'agit de marchandises : *livraison tel
mois*.

Si, cette époque arrivée, le vendeur est hors d'état de
livrer, il est à la discrétion de l'acheteur, qui peut résilier
le marché et demander des dommages-intérêts.

Cette éventualité est peu à craindre lorsqu'il s'agit d'une
marchandise qui existe en grande quantité sur le marché :
et qui ne doit être spécialisée qu'au moment de la livraison.

Elle devient plus grave si la marchandise est rare, ou si
les parties désirent la spécialiser avant le moment de la livraison ; lorsque, de plus, elle doit être exposée à tous les
hasards d'un long voyage.

De là, pour les marchandises importées par navire et pour elles, presque exclusivement, la création, par la pratique commerciale, de diverses sortes de ventes dans lesquelles la situation des parties est modifiée.

Leur trait commun est de ne plus fixer d'une manière directe, invariable, l'époque de livraison mais bien le délai dans lequel la marchandise devra être expédiée du pays d'origine, le mode d'expédition, etc., et de dégager le vendeur qui aura expédié les marchandises dans le délai et les conditions voulues, de toute responsabilité à raison des hasards de la navigation.

Le vendeur est tenu de livrer, mais sous la condition d'*heureuse arrivée du navire*, ou plutôt, d'après l'interprétation de la jurisprudence, d'*heureuse arrivée des marchandises* (Rouen, Dalloz, 1854, II, 151) ; le terme n'est plus tel ou tel mois, mais cette même arrivée; et la quantité à livrer n'est celle portée au marché qu'autant qu'une partie des marchandises embarquées et représentant cette quantité, n'aura pas été détruite par une fortune de mer.

Tels sont les tempéraments apportés par l'usage, à l'obligation de livrer, dans les ventes maritimes.

II. — Mais des abus semblent possibles. Le vendeur a fait venir par un ou plusieurs navires, des quantités plus considérables que celles qu'il a vendues à terme. Il y a perte ou retard de l'un des navires, ou perte d'une partie des marchandises.

Pourra-t-il, à son gré, et suivant son intérêt, déclarer ou non que les marchandises vendues sont précisément celles qui sont perdues ou en retard? Il tiendrait ainsi l'acheteur à sa discrétion.

L'usage a obvié à cet inconvénient en forçant le vendeur à désigner le navire et quelquefois à spécialiser la marchandise vendue.: il y a convention tacite l'y obligeant, dans un délai d'usage, faute de clause formelle sur ce point.

Cette convention tacite peut être considérée, en elle-même, comme un usage ou comme une application de l'obligation particulièrement stricte, d'être de bonne foi, que l'usage établit à la charge du vendeur de marchandises livrables par navire, comme à la charge de l'assuré. Le vendeur doit communication à l'acheteur de tous les renseignements qu'il a reçus au sujet de la marchandise ; et, dans un certain délai, suffisant pour recevoir un courrier il est inexcusable, ayant de plus le télégraphe à sa disposition, de ne pouvoir désigner le navire : l'obligation de désignation est consacrée à Liverpool par les Règlements (28, § 1).

Les règlements très précis sur ce point, donnent pour désigner un certain délai à partir de la date du connaissement, trois, quatre et six semaines suivant le lieu d'expédition.

Pour le coton, il est d'usage d'individualiser chaque lot par une certaine marque composée de lettres combinées ou non avec des figures simples : les marques doivent être déclarées en même temps que le nom du navire.

Bien des formes diverses sont employées pour fixer l'époque de l'embarquement ou de l'expédition.

Lorsque le navire est désigné par le contrat lui-même, le marché spécifie en général la situation du navire, suivant qu'il est en charge, chargé, en cours de voyage, ou même encore dans sa traversée d'aller.

Si un délai est donné pour désigner le navire, on stipule en même temps que le navire désigné devra se trouver au port d'embarquement, ou même être en charge.

Faute de convention spéciale, on ne peut désigner qu'un navire qui se trouve dans le port où la marchandise doit être chargée, d'après les usages du Havre et de Liverpool. La jurisprudence de Marseille permet aussi de désigner un navire qui s'y rende. (J. H., 1855, II, 149 ; 1865, II, 113.)

Le marché passé, *navire à désigner à l'arrivée des con-*

naissements, suppose des marchandises en cours de chargement. (J. H., 1873, I, 39.)

La clause la plus fréquente, surtout pour les marchés
passés longtemps à l'avance, est *embarquement mars ou
mars-avril,* donnant ainsi une latitude d'un mois ou plus
souvent de deux mois. La jurisprudence en déduit un délai
pour la désignation du navire qui comprend, au-delà de la
période indiquée, le temps qu'il faut, en calculant largement,
à une lettre pour arriver du lieu d'expédition : au Havre et
pour du coton de l'Inde, embarquement mars-avril, la désignation pourra être faite jusqu'au 15 juin. (J. H., 1872, I,
77.) Elle devrait naturellement être faite plus tôt, sitôt l'avis
reçu, si le coton avait été embarqué au commencement de
la période : sous peine de résiliation pour réticence (J. H.,
1873, I, 26 ; 1874, I, 119 et II, 186).

La tendance est cependant à tort, selon moi, lorsqu'il y a
vente « embarquement tel mois » de permettre au vendeur de
ne désigner le navire qu'assez tard, après même son entrée
dans le port, pourvu qu'il ne soit pas encore déchargé, et
cela, semble-t-il, sans distinguer, suivant que le vendeur a,
ou non, eu connaissance antérieurement du nom du navire
(J. H., 1878, I, 122 ; 1883, I, 52, Marseille ; J. H., 1884, II,
166 . Mais il faut concilier cette latitude laissée au vendeur,
avec la nécessité pour lui de désigner de la marchandise
livrable, et non disponible, il faudra donc, dans les usages
du Havre, que le débarquement ne soit pas commencé (1883,
I, 52).

On vend aussi par *navire chargeant* ou *chargé* : la clause
navire chargeant suppose que le chargement pourra être
commencé immédiatement.

La clause *prompt embarquement,* à Brême et pour le coton
d'Amérique, donne quinze jours pour désigner.

Au Havre, elle a le même sens que la clause navire chargeant (J. H., 1884, I, 13).

Lorsqu'on vend par navire attendu, le navire doit être chargé ou en route (Seine, J. H., 1879, II, 172).

Enfin, le marché contient, en général, l'une des clauses suivantes : par steamer, par voilier, par steamer ou steamers, par un ou plusieurs voiliers, etc.

Faute de clause formelle à ce sujet, le vendeur doit désigner un seul navire (J. H., 1880, I, 131 et II, 244 ; *contra.* 1876, I, 197).

Le marché conclu dans ces conditions est conditionnel, en ce sens seulement que la perte des marchandises dégage le vendeur de son obligation de livrer ; l'obligation qui en résulte de désigner le navire ou d'effectuer le chargement dans un délai donné, est ferme, et le vendeur ne peut invoquer, pour s'en dégager, un cas de force majeure (J. H., 855, I, 31).

Il en serait autrement si l'on avait inséré dans la vente la clause *tout et autant.* La formule complète dont on sous-entend une partie est : *tout et autant qu'il s'en trouvera à bord*, et il faut ajouter, dans le dernier état de la jurisprudence, *à l'adresse du vendeur* (J. H., 1875, I, 148 ; 1880, I, 45, etc.).

Mais toute la portée de la clause, tout et autant, est-elle d'exonérer le vendeur du cas de force majeure? De nombreuses décisions en ce sens ont été rendues ; le vendeur doit prouver, pour s'exonérer, l'impossibilité où il a été de charger les marchandises (J. H., 1869, I, 115 ; 1870, II, 171; arrêt de Rouen, etc.). La jurisprudence la plus récente décide, au contraire, qu'il est loisible au vendeur de faire ou non le chargement (J. H., 1858, II, 71 ; 1875, I, 148 ; 1880, I, 45 et II, 182).

Même changement d'interprétation, à Marseille, de la clause, qui y est usitée : *tout ce que le vendeur recevra, jusqu'à concurrence de...* (Comp. J. H., 1856, II, 14-28 et 1881, II, 49).

Comment prouvera-t-on l'embarquement dans la période voulue ?

Cette preuve, due par le vendeur à son acheteur, résultera du connaissement. Mais cette preuve pourra être détruite par le livre de bord ou toutes autres preuves contraires ; la faute commise par le capitaine, en antidatant le connaissement, le rend responsable de tous dommages-intérêts envers les tiers porteurs du connaissement, qui subissent, l'antidate prouvée, la résiliation d'une vente maritime (J. H., 1882, II, 137 ; 1884, II, 141).

III. — Quel est l'effet du défaut d'embarquement ou de désignation dans le délai et les conditions indiqués ?

Cette question doit être résolue d'après un principe général, admis par l'usage, et qui commande, *en tout ce qui concerne l'obligation d'embarquement*, l'interprétation stricte des conditions du marché (J. H., 1880, I, 131).

Le tribunal n'aura donc pas le droit de refuser la résiliation, lorsque l'embarquement aura été fait, fût-ce d'un seul jour, en dehors du délai convenu, avant le commencement, ou après l'expiration de ce délai : s'il a été fait par plusieurs navires au lieu d'un seul : si enfin le mode de conditionnement n'est pas celui dont on était convenu (J. H., 1882, I, 98 et 101 ; 1880. I, 131, et J. M., 1862, I, 306, etc.).

S'il y avait, ce qui arrive rarement dans la pratique, détermination dans le marché et d'un délai de livraison, et d'un délai de désignation, faute de désignation dans le délai, l'acheteur pourrait résilier, alors même que le vendeur serait en mesure de livrer au temps convenu (*Contra M. Couetoux*, p. 227).

Quel est le droit de l'acheteur, s'il préfère réclamer l'exécution ? Il pourra d'après un ancien usage de Marseille, *considérer le marché comme ferme*. Le vendeur, en exerçant son droit dans le délai voulu, pouvait, par la désignation, s'exonérer, au cas de perte du navire, de tous dommages-intérêts pour non-livraison ; le délai écoulé sans désignation, il est déchu de ce droit : la jurisprudence de Marseille semblait même lui permettre par cette formule, de réclamer, ce qui est excessif, livraison immédiate de marchandises disponibles (J. M., 1861, I, 95 et 277) : il y a déchéance du terme.

Le défaut de désignation, dit-on en résumant ces deux effets, *rend le marché ferme ou le résilie au gré de l'acheteur.*

Remarquons du reste que la jurisprudence du Havre semble n'avoir sanctionné, au profit de l'acheteur, que le droit de résiliation et qu'il en est de même dans toutes les dernières années de la jurisprudence de Marseille.

Une fois faite, la désignation est définitive : même dans le délai, on ne peut revenir sur elle, et désigner un autre navire (J. H., 1883, I, 52). Ceci même si le premier navire désigné périt, et qu'on soit encore dans le délai de désignation : la vente est définitivement résolue.

IV. — Les obligations du vendeur, quant à la livraison, sont modifiées, lorsqu'il s'agit de ventes maritimes, par les fortunes de mer, les accidents de navigation qui entraînent la perte, totale ou partielle des marchandises, leur causent des avaries, ou retardent leur arrivée. Mais il faut que la perte, l'avarie, le retard ne puissent être attribués qu'aux fortunes de mer prévues par les deux parties : le vendeur qui par son fait les aggraverait s'exposerait à subir la résiliation avec dommages-intérêts : il en serait ainsi si le navire n'était pas expédié en droiture pour le port de livraison ou s'il y avait transbordement volontaire (J. H., 1874, I, 118, II, 186 ; 1865, I, 224).

Envisageons d'abord le cas de perte totale. C'est de la perte des marchandises, et non du navire qu'il s'agit, puisque, nous l'avons dit, la condition est l'heureuse arrivée, non du navire, mais des marchandises. Il en résulte que les marchandises peuvent arriver par un autre navire que le navire désigné, si le transbordement a été rendu nécessaire par fortune de mer : les deux parties sont tenues d'exécuter (J. M., 1874, I, 120 ; Cass. J. H., 1883, II, 140).

De plus, il s'agit de la perte légale aussi bien que de la perte matérielle des marchandises. Il y a perte légale pour la jurisprudence lorsque le vendeur fait délaissement des marchandises aux assureurs : malgré l'arrivée des marchandises au port, la vente reste définitivement résolue (J. M., 1867, I, 227 ; J. H , 1861, I, 16).

Au cas de perte partielle, il faut assimiler celui où des avaries rendent impossible la livraison d'une partie des marchandises, qui ne rentre plus dans les conditions du marché. Le marché n'est pas indivisible, les marchandises restant doivent être reçues [1].

Et si, un chargement de 500 sacs ayant été vendu à deux acheteurs, pour partie, A achetant 200 sacs et B 300 : si la quantité susceptible de faire aliment au marché se trouve réduite, par fortune de mer, à 400 sacs, il y aura lieu à réduire proportionnellement les deux marchés, de 20 0/0 chacun : A prendra livraison de 160, B de 240 sacs (J. M., 1877, I, 116).

Un autre jugement fait subir tout le déficit au dernier acheteur (J. H., 1860, II, 283).

Même règle de répartition si les avaries ne sont pas de nature à empêcher la marchandise de faire aliment au marché.

Reste enfin le retard par fortune de mer. L'acheteur ne

1. Les usages commerciaux renversent la présomption ordinaire du droit civil, qui tend à considérer tout marché comme indivisible. Il faudra, dans les ventes commerciales, une expression formelle de la volonté des parties, pour que l'on considère un marché comme indivisible. On traitera, par exemple, pour tant de sacs de blé, *et non moins*.

peut s'en prévaloir pour refuser de prendre livraison, ou plutôt, dans la vente maritime telle que je l'ai supposée, *il n'y a
pas de retard* au point de vue juridique. On n'est convenu,
en effet, je l'ai supposé, que de l'époque et du mode d'expédition. Quant au délai de livraison, l'acheteur peut former
des espérances, escompter peut-être, à ses risques et périls,
des probabilités; il n'a droit à rien.

Et telle est, en effet, la forme de vente usitée dans le commerce transatlantique, à Liverpool comme à Brême, à Anvers
comme au Havre.

V. — Mais il arrive souvent à Marseille qu'on emploie une
forme intermédiaire se rapprochant de la vente à livrer par
navire, telle que je l'ai décrite, en ce qu'un délai est fixé
pour l'embarquement ou la désignation, et que la perte et les
avaries résolvent ou réduisent l'obligation de livraison : de
la vente à livrer pure et simple, au contraire, en ce que le
vendeur répond, sauf résiliation avec dommages-intérêts, de
la livraison de la marchandise dans un certain délai (J. M.,
1861, I, 95 ; 1868, I, 265-315).

VI. *Risques.* — Les accidents divers qui peuvent détruire
en tout ou en partie la marchandise, modifieront, comme je
viens de l'exposer, l'obligation de livrer du vendeur.

Mais à la charge de qui sont les risques?

Conformément aux principes généraux, ils sont à la charge
du vendeur, la vente étant faite sous condition suspensive
(1182, C. C.). Et c'est à tort que M. Ripert (p. 160) a considéré
la vente maritime comme mettant les risques, en principe, à
la charge de l'acheteur.

Les deux clauses, *coût et fret* et *coût, fret et assurance*,
déplacent les risques : la première, laissant l'assurance en
dehors du prix fixé, la met à la charge de l'acheteur ; la seconde comprend les trois éléments indiqués dans le prix con-

venu et suppose que le vendeur assurera pour le compte de l'acheteur. Du moment où, dans les deux cas, l'acheteur est supposé avoir intérêt à assurer, les risques de navigation sont pour lui.

L'intérêt qu'il y a à distinguer les deux situations apparait nettement en cas de perte de la marchandise et d'insolvabilité de l'assureur ; la perte, très sensible en ce cas, est supportée par le vendeur, en règle générale, par l'acheteur, s'il a traité coût, fret, assurance.

L'assuréur étant solvable, l'intérêt est moindre ; il existe encore, néanmoins, car les règlements pour avaries laissent en général une perte. De la perte totale, au contraire, résulte en général un gain, l'habitude étant d'assurer quelquefois 5 0/0, quelquefois 10 0/0 au delà du montant de la facture.

Cette affirmation peut sembler un peu crue au jurisconsulte, puisqu'elle contredit directement ce principe, que l'assurance ne doit jamais qu'indemniser. Elle est cependant en accord avec les faits.

Tout d'abord, pour qu'il y ait réellement indemnité, il faudrait que l'assuré se trouvât placé dans la même situation que si les marchandises étaient arrivées. Le Code (art. 339) a voulu, au contraire, que l'assuré fût placé dans la même situation que s'il n'avait pas entrepris l'opération ; on lui rembourse ses dépenses. Il reste, en réalité, en gain s'il y a eu baisse, en perte s'il y a eu hausse de la marchandise (Voir M. de Courcy, *Revue critique*, 1883).

L'article 15 des polices actuellement en usage ne permet de faire réduire la valeur assurée qu'autant qu'elle dépasse de plus de 10 0/0 le prix coûtant. Les 10 0/0 sont censés couvrir le fret, les frais que la perte de la marchandise rend non payables. Une stipulation spéciale peut porter plus haut encore la valeur assurée ; on insère souvent la clause : *valeur agréée de la marchandise*. Les tribunaux de commerce, composés d'assurés, et les Cours d'appel elles-mêmes, ne réduiront pas volontiers le chiffre accepté par la Compagnie, même s'il y a bénéfice.

Il ne pourra y avoir perte, les marchandises n'arrivant pas, que si la hausse a dépassé la surélévation faite et si l'on a négligé de faire alors l'assurance supplémentaire du profit espéré, autorisée par l'article 334 nouveau.

La clause *franco à bord* met, elle aussi, les risques à la charge de l'acheteur à partir du moment où la marchandise est embarquée ; mais le prix ne comprend ni le fret, ni l'assurance ; le vendeur devient mandataire de l'acheteur pour l'affrétement du navire, et, à moins que des engagements aient été expressément pris à ce sujet, les risques concernant les taux du fret et les retards dans l'affrétement sont à la charge exclusive de l'acheteur (J. H., 1876, I, 125 ; Cass. J. H., 1875, II, 178 ; 1877, I, 55).

Il en serait tout autrement de la clause *franco au port de destination*. Le paiement du fret et tous les risques sont mis à la charge du vendeur ; il en serait de même si le marché contenait en même temps les deux clauses : coût, fret et assurance, et franco Marseille (Cass., Sirey, 1883, I, 153).

La clause *franco wagon* met à la charge du vendeur le fret et les risques jusqu'au port d'arrivée et, de plus, les frais et les risques du transbordement et de l'embarquement au chemin de fer.

Les risques, enfin, comprennent, outre la perte totale ou partielle et les avaries, la perte au poids qui se produit toujours nécessairement par le fait seul de la traversée, pour certaines marchandises. Pour le coton, en particulier, il est d'usage de calculer sur une perte au poids de 1 0/0, pour la traversée de la Nouvelle-Orléans au Havre ; et le vendeur américain accorde une garantie de 1 0/0, c'est-à-dire qu'il déduit 1 0/0 du poids brut pour établir sa facture. La possibilité que la perte au poids excède 1 0/0 crée un risque.

Les usages commerciaux ont attaché souvent à l'emploi de telle ou telle forme de contrat des conséquences qui n'apparaissent nullement comme nécessaire. C'est, ainsi qu'au Havre, l'emploi de la forme coût, fret, assurance, suppose, entraîne certaines dérogations aux conditions d'usage en ce qui concerne la tare et l'escompte.

La tare légale est de 6 0/0 au lieu de 5 0/0 et le paiement a lieu sans escompte, au lieu d'avoir lieu, valeur à quatre mois et quinze jours.

On désigne ce contrat sous le nom barbare de contrat cif-six (*C*ost *I*nsurance *F*reight, loss in weight *six* per cent).

Cette forme et cet ensemble de conditions étant usités à Liverpool, à Anvers, en Allemagne, on l'emploie de préférence au Havre vis-à-vis des filateurs de Suisse et d'Alsace ; les offres leur paraissent ainsi plus nettes. Vis-à-vis de maisons françaises, on vend au contraire aux conditions du Havre, qui sont les mêmes que pour le disponible.

Pour calculer le prix de revient du coton rendu au Havre, certains éléments restent évidemment les mêmes dans les deux cas ; achat du coton, commission, courtage, conditionnement, embarquement, fret et assurance.

Pour vendre conditions du Havre, il faut tenir compte de 2 1/4 0/0 d'escompte à accorder, d'une différence de 1 0/0 en plus sur la tare et d'une perte au poids éventuelle de 1/2 à 1 0/0 au-delà du 1 0/0 garanti par le vendeur : d'où, dans l'ensemble, une certaine augmentation de prix.

Quant au paiement, l'usage, ainsi qu'il résulte de clauses des marchés coût, fret et assurance employé à Londres et Liverpool laisse le choix à l'acheteur, qui peut attendre la livraison ou payer auparavant, sous escompte en se faisant remettre les documents : connaissement et police d'assurance.

En cas de perte, le vendeur, lorsqu'il a encore la police entre les mains, se charge de la recouvrer, et verse à l'acheteur les 5 0/0 qu'il a dû faire assurer au-delà du montant de sa facture (Liverpool § 31) : tout ceci, naturellement, au cas de vente coût, fret et assurance.

B. Rôle commercial des ventes maritimes.

Je m'occupe d'abord du vendeur, et je suppose qu'il soit, par exemple, négociant en cotons au Havre. Il pourra, vendant par navire, se trouver dans plusieurs situations très différentes.

Il peut avoir à la Nouvelle-Orléans ce qu'on appelle un *acheteur*, associé ou intéressé dans ses affaires, et gérant une succursale de la maison du Havre, sous la même raison sociale. Cet acheteur entre directement en relations avec les planteurs, ou achète le coton à la Nouvelle-Orléans, après l'avoir examiné dans les magasins où on le conserve, attendant, pour le presser et le mettre définitivement en balles cerclées de l'avoir vendu pour l'exportation.

Il peut aussi représenter au Havre une maison américaine distincte, qui le charge de vendre pour elle, en lui indiquant son prix, soit à la Nouvelle-Orléans, à l'embarquement, soit le coton rendu au Havre, coût, fret et assurance.

Quelquefois, et c'est une troisième situation, il passe des ordres à la Nouvelle-Orléans, à une ou plusieurs maisons avec lesquelles il est en relations, indiquant un prix. En ce cas, comme au reste dans celui qui précède, le prix est presque toujours fixé pour le coton rendu au Havre, coût, fret et assurance ; la maison américaine est mieux placée pour soigner l'expédition ; de plus, il serait inutile de le taire, le commerce voit un avantage dans le fait de s'assurer aux compagnies américaines d'assurances maritimes.

Enfin, quatrième et dernier cas, le vendeur revend ce qu'il a acheté à une maison du Havre aux mêmes conditions.

Dans toutes ces situations, le vendeur vend ce qu'il a ou ce qui lui a été promis ; il peut aussi vendre à découvert, et ne passer qu'après la vente des ordres à son acheteur, ou à son correspondant américain.

Suivant l'époque de l'année et les situations de place, le commerce d'importation, les ventes maritimes par conséquent, varieront considérablement d'importance.

Le stock diminuant au Havre, les prix montent ; on en profite, l'opération devenant rémunératrice, pour faire venir du coton, les ventes sur les mois rapprochés deviennent nombreuses. Si au contraire le stock est considérable, les prix faibles, on vendra plutôt sur les mois éloignés, et en ce cas, le vendeur pourra souvent rester à découvert pendant plusieurs mois, avant de donner ordre d'acheter et d'expédier. J'examinerai quel rôle joue en ce cas le marché à terme.

Les deux situations que je viens d'expliquer sont simples ; il arrive, ce qui est moins compréhensible, que pendant plusieurs mois, le stock étant très faible, les prix restent néanmoins si bas que toute importation se solde en perte ; les prix, dans le pays de provenance, restant comparativement plus élevés ; en ce cas, le commerce d'importation se ralentira, cessera presque d'exister, et il n'y aura plus de ventes par navires jusqu'à ce que cette situation anormale ait cessé.

L'acheteur est, ou bien un commerçant qui achète pour revendre, ou bien un filateur. Dans la pratique, en effet, un commissionnaire, achetant pour un filateur, passe avec lui un contrat de vente en règle, est vendeur à son égard ; souvent du reste, il s'engage, vis-à-vis du filateur, sans avoir la contre-partie.

Le calcul du commissionnaire qui achète, varie suivant les clauses du marché, relatives à la qualité. Si la qualité est très strictement déterminée, il est probable que le coton qu'il achète a déjà été promis par lui à un filateur, ou qu'il a de lui un ordre d'achat, ou enfin qu'il a déjà en vue, dans sa clientèle, un client particulier auquel la marchandise conviendra. Si elle est moins strictement déterminée, ou si toute qualité est livrable, il n'y a là pour lui, vraisemblablement, qu'une opération de réapprovisionnement : il revendra, suivant l'occasion, la marchandise livrable, ou disponible.

Il est indispensable, pour comprendre la portée des clauses de qualité dans les ventes maritimes et le vrai caractère de ces ventes, de chercher à se rendre compte des divers sens du mot *qualité*, et de tous les éléments différents que la qualité peut comprendre, dans son acception la plus étendue.

C. Qualité de la Marchandise.

I. — La substance d'une chose est évidemment ce qui lui fait donner son nom générique : ce qui fait que du blé est du blé, du coton, du coton. Dans son acception la plus large, la qualité comprend tous les caractères de la marchandise, qui permettent de la *qualifier*, d'ajouter une indication quelconque à celle qui est donnée par le nom générique.

Certains de ces caractères ont ceci de particulier, qu'ils peuvent être appréciés d'une manière absolue : ils existent ou n'existent pas : ainsi la provenance, les marques, etc.

D'autres sont relatifs, existant à un degré variable ; ainsi la densité, la pureté, la couleur. Ils peuvent être appréciés d'une manière expérimentale, avec plus ou moins de rigueur ; il est évident qu'on peut connaître la densité par des moyens plus sûrs que ceux dont on dispose pour apprécier la couleur.

Certains caractères, qui affectent la valeur commerciale de la marchandise, sont pour ainsi dire extérieurs à elle, proviennent de faits accidentels ; il en est ainsi de l'emballage, des avaries, des corps étrangers.

Au sens courant du mot, on entendra par *qualité* de la marchandise, lorsqu'il s'agira de ventes maritimes, l'ensemble des caractères de la marchandise qui existent à un degré variable, mais sont en même temps permanents, toujours susceptibles d'être appréciés, et influent sur la valeur commerciale de la marchandise.

II. — La qualité au sens restreint où j'entends ce mot, étant cause, pour la marchandise, de différences de valeur considérables, il faut pouvoir déterminer d'une manière nette, lors d'une vente à livrer, celle que les parties ont eu en vue.

Quelquefois, un chiffre suffira à la fixer : il en sera ainsi, par exemple, pour les grains ; on indiquera la densité, le *poids*, comme on dit dans le commerce : on donnera à New-York, pour les sucres de canne, le degré de polarisation. Pour les produits industriels, cette indication sera souvent la seule.

Mais si les caractères qui déterminent la qualité échappent à une analyse mathématique, on établira à un moment donné, artificiellement, des *échantillons*, séparés, à ce moment-là, par un même écart de valeur, et on leur donnera des noms ou des numéros ; ces échantillons serviront de *types* ; en la comparant avec eux, on verra si la marchandise est bien celle qu'on a vendue. C'est ainsi que pour les sucres la couleur s'apprécie comparativement à des types, portant des numéros. Au-dessous du type inférieur choisi, la marchandise sera réputée n'être plus marchande et de recette.

Mais souvent l'ensemble de beaucoup de caractères différents compose la qualité ; pour déterminer des types, on ne peut tenir compte de tous ces caractères. Il semble même qu'on doive s'en tenir à un caractère unique.

Cette difficulté se présente pour le coton ; on ne s'est attaché pour choisir des types, on ne s'attache, par conséquent, pour le *classement*, qu'à deux caractères : la *couleur* et la *netteté*, c'est-à-dire la propreté, le plus ou moins grand nombre de feuilles.

Au Havre et pour le coton américain, on distingue six désignations : les expressions anglaises sont d'usage.

Ordinary.	Très bas.
Good ordinary.	Bas.
Low Middling.	Très ordinaire.
Middling.	Ordinaire.
Good Middling.	Bonne ordinaire.
Fair.	Bonne marchandise.

Restent plusieurs caractères, dont on n'a pas tenu compte pour établir les types de classement : la longueur, le nerf, la grosseur de la soie : on groupe ces caractères sous une seule dénomination ; la *soie* ou la *qualité*, comme on dit souvent, en prenant encore ce mot dans un nouveau sens et l'opposant au classement: Et la soie motive des écarts de prix considérables, qui peuvent atteindre jusqu'à 15 0/0 du prix de la marchandise.

On comprendrait l'établissement d'une nouvelle série parallèle de types, fondée uniquement sur la soie ; chaque type porterait une dénomination ou un numéro ; on spécifierait la soie voulue avec précision, et, en cas d'arbitrage, les courtiers auraient deux opérations, deux comparaisons successives à faire, chacune pouvant, suivant les cas et les conventions, motiver la résiliation du marché, ou donner lieu à des bonifications.

Ceci n'existe pas ; mais les parties insèrent des clauses spéciales.

La clause *bonne soie*, qui est d'usage au Havre, est presque dénuée de portée : mais si l'on a stipulé *très bonne soie*, *belle soie*, *très belle soie*, *soie exceptionnelle*, la clause sera interprétée avec une assez grande rigueur.

Ces quelques détails sur la manière dont on détermine la qualité d'une marchandise spéciale, ont un certain intérêt, en ce qu'ils donnent l'idée des difficultés que présente cette opération, dont le résultat n'est jamais que très approximatif.

Dans une même balle de coton, il y aura toujours des différences de couleur, de netteté de soie ; la désignation qu'on lui donne, l'échantillon qu'on en tire, ne représentent que la qualité moyenne. Combien plus n'en est-il pas ainsi et combien peu doit-on prétendre à une absolue exactitude, lorsqu'il s'agit, par une seule désignation ou par un échantillon peu volumineux, de définir ou de représenter quelques centaines de balles. Ces considérations de pur fait ne doivent pas être sans poids lorsqu'il s'agit d'interpréter une stipulation de qualité, contenue dans un marché.

III. — Les différences de qualité étant inévitables, il faudra souvent en appeler à un ou plusieurs arbitres. Combien de genres d'arbitrage peut-on distinguer, dans l'usage, au double point de vue du droit pour les parties de le réclamer, et du pouvoir de l'arbitre d'accorder des bonifications à l'acheteur seulement, ou aux deux parties ?

Il peut y avoir *arbitrage au-dessus et au-dessous* ; c'est-à-dire pouvant se résoudre aussi bien en une augmentation qu'en une diminution du prix, *et pouvant être réclamé par les deux parties*. Cette forme d'arbitrage est à peu près universellement adoptée pour les marchés à terme. Le règlement de Brême la sanctionne quand on a vendu une désignation ; et le règlement de Liverpool l'adopte dans son modèle de vente par navire (§§ 27, 28, 29).

Il se peut que l'*acheteur seul ait le droit de réclamer un arbitrage ; mais que l'arbitrage fait puisse motiver aussi bien une augmentation qu'une diminution de prix*, se fasse en dessus et en dessous. Il en est ainsi à Liverpool dans les ventes, coût, fret et assurance (§ 30).

Enfin, *l'arbitrage ne pourra être demandé que par l'acheteur et n'aura lieu qu'en sa faveur*. Cette troisième forme est consacrée par les contrats de la Cotton-Association de

Londres ; elle est d'usage en France dans les ventes par navires ; aussi bien à Marseille qu'au Havre, le vendeur qui livre une qualité très supérieure à celle qu'il a promise, ne peut réclamer aucune augmentation de prix, même si l'acheteur a réclamé un arbitrage.

D. Contrat aléatoire et de bonne foi.

I. — Ce que je viens de dire de l'arbitrage peut faire comprendre l'importance de ce que j'appellerai l'élément aléatoire dans les ventes par navires ; l'opération est aléatoire pour l'acheteur ; il acquiert le droit à une certaine qualité de marchandises, et, en sus, la chance d'en obtenir une meilleure.

Cette chance est évidemment assez mince, lorsque la marchandise est de celles qui s'apprécient, se classent aisément. Elle sera beaucoup plus forte au cas contraire, et, par exemple, lorsqu'il s'agira du coton ; il est difficile, je l'ai dit, l'ayant à sa disposition et l'examinant balle par balle, de déterminer sa qualité ; le vendeur du Havre, vendant ce qu'il a acheté d'un autre négociant de la place, ou d'une maison américaine, ou ce que son acheteur lui expédie, craindra, s'il tient au bon renom de sa maison, de donner une trop haute désignation.

Et un acheteur habile, établi à la Nouvelle-Orléans pour le compte d'une maison du Havre, s'arrangera toujours de manière, l'identité avec une désignation donnée ne pouvant être atteinte, à acheter un peu au-dessus de la qualité qui lui est demandée, de manière à bien livrer : il se forme ainsi une réputation. Et la mention du nom de l'acheteur étant toujours faite dans le marché, le Low Middling, achat de *D* vaudra 2 francs, le Low Middling, achat de *O*, 1 franc de plus que le Low Middling vendu sans mention semblable, la chance de bonne ressortie étant présumée moindre.

4

Cet élément aléatoire rend compte des solutions suivantes :

Ayant vendu de la marchandise livrable, d'une qualité déterminée, on n'est pas recevable à offrir en livraison de la marchandise disponible, fût-elle de la qualité voulue (J. H., 1883, I, 52).

Résiliation peut être obtenue, même si la marchandise est exactement de la qualité vendue, du moment où le vendeur l'avait achetée sous une désignation inférieure (J. M., 1867, I, 255), ou avait reçu instruction de son acheteur de la vendre dans des conditions différentes (par exemple il a vendu comme Low Middling ce qu'on lui télégraphiait de vendre *base* Low Middling). Tout ceci, naturellement, à moins que l'acheteur n'ait été prévenu. De tels procédés lui enlèveraient la chance de bonne ressortie (J. H., 1863, I, 216 ; 1871, I, 169 ; 1875, I, 282). Ils constituent du reste une réticence, contraire à l'obligation de bonne foi absolue du vendeur.

II. — Cette obligation de bonne foi du vendeur n'a-t-elle pas une compensation : l'ayant une fois remplie, n'est-il pas jusqu'à un certain point à couvert des conséquences d'une mauvaise ressortie de la marchandise ? Et l'acheteur ne court-il pas quelques chances défavorables aussi ? La jurisprudence répond à ces questions. La résiliation de la vente ne peut entraîner de dommages-intérêts à la charge du vendeur, lorsqu'il est de bonne foi, et qu'elle est due à un vice caché de la marchandise, inconnu de lui, ou à une différence de qualité (J. H., 1883, I, 15 ; 1869, I, 190), même lorsque la marchandise a été vendue qualité conforme à un échantillon (J. H., 1869, I, 231). En serait-il autrement s'il y avait vice apparent au moment de l'embarquement (Aix, J. H., 1863, II, 40) ?

La raison donnée pour cette dernière solution est que, selon les termes d'un jugement de Marseille, « le vendeur est tenu comme s'il était lui-même le chargeur de la marchandise ; il ne peut donc protester de son ignorance et par suite de sa bonne foi relativement à toutes les circonstances qui ont dû être connues au lieu d'embarquement » (J. M., 1861, I, 303 ; 1862, I, 148). Cette distinction ne semble pas avoir été généralement suivie : au Havre, à Bordeaux (J. M., 1862, II, 77), on semble exonérer le vendeur de tous dommages-intérêts du moment où les documents qu'il avait entre les mains ne lui faisaient pas connaître le vice même apparent de la marchandise.

Et la jurisprudence de Marseille est pleine d'incertitude à cet égard ; l'infériorité de poids du blé à l'embarquement a, par exemple, été considérée comme un vice apparent : un jugement accorde la résiliation, mais sans dommages-intérêts (J. M., 1879, I, 42) ; un autre jugement donne une bonification exceptionnelle en raison de l'apparence du vice (J. M., 1874, I, 108) ; un troisième se fonde sur le même motif pour accorder la résiliation et non une simple bonification (J. M., 1861, I, 303).

Mieux vaut donc assimiler au point de vue de la responsabilité du vendeur les vices apparents ou non au moment de l'embarquement. Cette décision sera, tantôt une application directe de l'article 1646, qui exonère le vendeur de bonne foi de tous dommages-intérêts, en cas de résiliation, à raison des vices cachés de la chose, tantôt une application de son esprit. Et les jugements rappellent toujours l'analogie des situations ; pour une maison du Havre, ayant traité avec une maison américaine sur le vu d'un échantillon, la différence de qualité d'une marchandise expédiée par le vendeur est comme un vice caché.

III. — Les mêmes considérations rendront la résiliation difficile ; le principe sera, en présence d'une différence de

qualité, de n'accorder qu'une réfaction, de considérer l'in-
-dication donnée, moins comme celle de la qualité réellement
exigible, que comme celle d'une base, devant servir pour la
fixation du prix et pour apprécier s'il doit y avoir résiliation,
l'écart étant trop grand.

Telle sera l'intention présumée, et les parties devront ex-
primer très nettement leur volonté d'accorder la résiliation
pour tout écart de qualité : l'usage n'accordera pas cette portée à certaines clauses qui à première vue semblent l'avoir.

De cette doctrine, que la jurisprudence applique à l'interprétation des différentes clauses usitées, résultent pour
l'acheteur certaines chances de perte. Il ne les courra du
reste que s'il a été imprudent ; connaissant la nature du contrat, il ne doit pas s'engager lui-même à des conditions plus
dures ; s'il a acheté, étant industriel, en vue de sa consommation, et non pour revendre, la chance, pour lui, de recevoir
une qualité inférieure, dont il ne pourra se servir, est com-
pensée par la réfaction, assez largement calculée à l'ordinaire, et par un prix un peu moindre que celui qu'il aurait
payé de la marchandise soit disponible, soit vendue livrable,
mais avec une plus stricte garantie de qualité.

IV. — En un cas assez curieux, il y a possibilité pour l'acheteur de se trouver en perte, sans compensation : je veux parler du *fourbaudage*.

Le fourbaudage des balles de coton est une fraude du
planteur ; il enveloppe, pour fermer une balle, un mélange
de corps étrangers et de coton de qualité tout à fait inférieure,
d'une couche de coton de bonne qualité ; à la Nouvelle-Orléans, on presse les balles sans s'apercevoir de la fraude : on
la reconnaît au Havre en les décerclant lors de la livraison.
On comprend qu'il en résulte une perte presque complète.
L'usage est que la réfaction ne s'élève qu'à la moitié de cette
perte ; l'acheteur subissant par conséquent l'autre moitié.

V. — S'il fallait, résumant toutes mes observations, donner une idée de la vente maritime, je dirais ceci :

Etant données les conditions dans lesquelles elle se traite, la vente maritime présente une grande part d'aléa. Le vendeur ne connaît la marchandise que par les renseignements très brefs qu'il tient de son représentant, ou de son propre vendeur : il en doit strictement la communication à son acheteur. Cette obligation de bonne foi remplie, l'usage fait partager à l'acheteur les chances bonnes ou mauvaises de l'opération, dans une proportion équitable.

Il exige strictement l'exécution des clauses de la vente dont le caractère est d'être absolues, d'être remplies ou violées, sans qu'il puisse intervenir une question de degré. Les conditions qui déterminent la provenance, les délais d'embarquement ou de désignation, les marques, présentent ce caractère.

L'interprétation des clauses relatives à la qualité, etc., sera très large en faveur du vendeur de bonne foi ; et le principe sera de refuser la résiliation, et d'accorder seulement une réfaction, lorsqu'elles ne seront pas exécutées à la lettre.

C'est bien à propos des ventes maritimes qu'il convient de passer en revue les diverses clauses relatives à la quantité, ou à la qualité *lato sensu*, de la marchandise vendue ; à Liverpool, New-York, comme au Havre, le disponible est toujours vendu sur échantillon ; à Marseille, on le vend avec le droit de vue en sus ou vu et agréé ; dans les marchés à terme, la marchandise est toujours arbitrable entre deux types extrêmes ; dans les ventes maritimes seulement, on rencontre une variété infinie de clauses modifiant les obligations du vendeur.

E. Principales clauses de vente.

I. — Les clauses modifiant l'obligation du vendeur, quant à la quantité à livrer, présentent peu d'intérêt théorique.

Le marché fixe en général un certain nombre de sacs, de balles plutôt qu'un poids précis, dans les ventes par navire.

La clause *environ*, assez fréquente, permet de livrer 5 0/0 en plus ou en moins, dans les usages de Marseille, 10 0/0 dans ceux du Havre (J. H., 1858, II, 91 ; 1866, II, 32 ; 1880, I, 155). La marchandise étant spécialisée et offerte en livraison, l'acheteur doit accepter la quantité offerte, si elle rentre dans ces limites : il peut la faire réduire, si elle dépasse la limite supérieure, demander des dommages-intérêts si elle est trop faible.

Mêmes règles lorsqu'on a vendu de telle quantité à telle autre quantité.

Lorsqu'on a vendu *une quantité de,... soit tout ce qui se trouvera à bord,* on a fixé un minimum, auquel le vendeur est tenu en tous les cas : il doit livrer la quantité, même bien supérieure, qui se trouve à bord (J. H., 1856, II, 12).

Si enfin on a vendu *jusqu'à une quantité de...,* on assimile, au Havre, cette formule à la clause environ ; il y a une latitude de 10 0/0 (J. H., 1855, I, 31).

II. — Certaines questions se posent dans tous les cas où il y a lieu à réclamations à propos de la qualité de la marchandise.

1° *A quel moment faut-il se placer pour juger de la conformité de la marchandise aux diverses conditions du marché ?*

Au moment de la livraison, en règle générale ; au moment

de l'embarquement, si l'on a inséré la clause coût, fret et assurance ; mais, même alors, la vérification n'aura lieu qu'au moment de la livraison (J. H., 1870, I, 215).

Et par livraison, il faut entendre la livraison effective, à l'arrivée du navire. On a bien essayé de soutenir qu'il y avait livraison au moment de la spécialisation de la marchandise ; le capitaine du navire aurait représenté l'acheteur ; mais cette théorie manque de vraisemblance. Ainsi que la jurisprudence l'a nettement distingué, le vendeur reçoit de l'acheteur le mandat de spécialiser la marchandise, mais l'agréation n'a lieu qu'à l'arrivée.

En cas de difficultés, si la marchandise est vendue *coût, fret et assurance*, il y a évidemment lieu pour les arbitres, les risques étant, depuis l'embarquement, à la charge de l'acheteur, de se reporter à cette époque pour apprécier la conformité : l'absence ou la présence des vices aussi bien apparents que cachés qui rendraient la marchandise irrecevable (J. H., Havre 1878, I, 239 ; Paris 1881, II, 111 ; Caen 1881, II, 66).

Et il faut en dire autant de la vente *franco à bord* : ses effets sont ceux de la vente coût, fret et assurance quant aux risques ; vérification sera faite, suivant les mêmes règles, à l'arrivée du navire (J. H., 1863, I, 39-61 ; 1870, II, 220).

A part cette différence, les règles sont les mêmes, en ce qui touche les réclamations fondées sur la qualité, qu'il y ait eu ou non insertion de la clause coût, fret et assurance. Et je ne saurais comprendre cette affirmation, énoncée comme un principe par un jugement de Marseille, que, lorsqu'il y a clause coût, fret et assurance, « l'acheteur ne peut plus laisser la marchandise pour compte à raison de la non conformité ». (J. M., 1874, I, 170). En ces termes absolus, cette solution est inadmissible, puisqu'elle est la négation même du droit de l'acheteur à obtenir ce qu'il a acheté. Et la raison, si elle existe, pour laquelle la clause coût, fret et assurance devrait rendre le laisser pour compte plus difficile, m'échappe absolument.

La convention des parties peut évidemment soumettre à des règles différentes la vérification de qualité ; la faire intervenir, par exemple, dès l'embarquement, et hors de la présence des parties.

C'est ainsi que des marchés ont été récemment faits, *qualité à constater à l'embarquement suivant certificat officiel de la Bourse de Buenos-Ayres*, légalisé par le consul de France.

En ce cas, suivant les termes d'un arrêt de Paris, « le certificat dressé au moment de l'embarquement, suivant les formes prévues par la convention, doit faire foi entre l'acheteur et le vendeur, de telle sorte que ce document doit tenir lieu de la réception de la marchandise par l'acheteur lui-même, et interdire à celui-ci de soumettre la marchandise à son arrivée, à un examen dont dépendrait l'exécution de ses engagements ». (J. H., Paris, 1887, II, 265.)

Il n'en serait plus ainsi, toutefois, s'il était démontré que le certificat, régulier en la forme, avait été délivré par complaisance, sans examen de la marchandise. Il y aurait lieu à une expertise, pour déterminer si, à l'époque de l'embarquement, la marchandise était conforme aux conditions du marché. (J. H., Paris, 1887, II, 224).

2° *L'obligation de livrer est-elle divisible ?* En d'autres termes, une partie seulement de la marchandise offerte remplissant les conditions du marché, doit-on exécuter pour cette partie, ou le vendeur a-t-il au contraire le droit d'exiger la résiliation pour le tout ?

On comprendrait qu'à ce point de vue, le marché fût considéré comme indivisible, conformément aux principes du droit civil, et contrairement à la solution admise au cas de perte partielle des marchandises. C'est, en effet, par la faute du vendeur, et non par fortune de mer que le marché ne peut recevoir une entière exécution.

Mais cette faute apparaît comme assez légère ; le vendeur n'avait pas lui-même la marchandise entre les mains au moment de la vente et les usages commerciaux tendent en général à restreindre le droit de résiliation.

Aussi la règle admise est-elle celle de la divisibilité.

On livrera les balles de coton conformes quant à la qualité (J. H., 1860, I, 194 ; 1871, II, 160), l'arbitrage ayant lieu, en principe, balle par balle. L'indivisibilité résulterait au contraire de la clause en vertu de laquelle l'arbitrage aurait lieu sur l'ensemble (J. H., 1871, I, 44, 169).

Les marchandises qui, quoique avariées, restent marchandes et de recettes, seront livrables (J. H., 1855, II, 160 et 1861, I, 16), ainsi que celles dont le conditionnement est conforme aux stipulations (J. H. Marseille, 1866, II, 169), bien qu'elles ne forment qu'une partie du lot offert en livraison.

En cas d'embarquement partiel dans le délai voulu, la jurisprudence du Havre maintient le principe de la divisibilité (J. H., 1884, I, 307). A Marseille, au contraire, le tribunal accorde la résiliation pour le tout (J. H., 1880, II, 57).

3° *Quelle est la portée de l'usage qui sous-entend dans toutes les ventes, la clause : qualité loyale et marchande ?*

Par une singulière anomalie, la jurisprudence n'accorde pas le même sens à ces mots, suivant qu'ils sont exprimés dans le marché ou sous-entendus par l'usage.

Lorsqu'on dit que la règle, que la qualité doit être loyale et marchande, ou marchande et de recette domine tous les marchés, même faits sur échantillon ou avec la clause qualité telle quelle, on entend donner à l'acheteur le droit de refuser *toute marchandise n'ayant pas cours dans le commerce.* D'après la nature des choses, on peut présumer chez les parties cette intention (Rouen, J. H., 1870, II, 243). Des avaries très sérieuses, le fait d'avoir été admis par la douane au bénéfice de réduction des droits, ou d'avoir subi à une précédente livraison un refus où une bonification, enfin la constatation sur expertise, d'une qualité par trop inférieure, privent la marchandise de cette qualité nécessaire ; elle n'a plus cours et peut être refusée (J. H., 1856, I, 89 ; 1861, I, 115 ; 1866, II, 157 ; 1879, I, 249, etc.).

Que si la clause, qualité loyale et marchande, a été insérée, l'usage y voit au contraire une désignation, « détourne, comme le dit un jugement, cette expression de sa signification vraie pour lui donner celle de qualité moyenne et courante ».

Et l'on voit, ce qui semble au premier abord une contradiction, des décisions accorder à l'acheteur une bonification, et lui refuser la résiliation, lorsqu'il a acheté « qualité loyale et marchande », sans ajouter la stipulation : *et non autre* (J. H., 1869, I, 220 ; 1876, I, 191).

III. — La première clause que je désire étudier est celle qui rend la marchandise *arbitrable sur une base ou un type* indiqués ; étant donnée, en effet, la théorie que je soutiens, et d'après laquelle, à moins de volonté contraire des parties, formellement exprimée, un écart de qualité ne donne lieu qu'à une bonification à moins qu'il ne soit excessif, la clause *arbitrable* se trouve en fait être sous-entendue, en principe, dans tous les marchés.

Comme point de départ pour l'arbitrage, on indique une base ou un type ; j'entends par *base* l'indication d'une désignation : on vendra, par exemple, du coton, *base low Middling* ; un *type* est un échantillon, tantôt l'échantillon officiel qui représente une désignation ; tantôt un échantillon choisi par les deux parties, et cacheté en leur présence.

Lorsque, pour du coton, l'échantillon a été tiré en Amérique, on tient compte en faveur du vendeur d'une légère différence, l'échantillon gardant mieux sa couleur, son lustre, que la marchandise elle-même.

A Brême, le principe est que l'arbitrage existe en faveur des deux parties : au Havre, il est fait en faveur du vendeur seulement, à moins qu'il n'ait été dit : arbitrable au-dessus et au-dessous (1869, I, 56).

Et il se fait balle par balle, la supériorité de certaines balles ne compensant pas l'infériorité de quelques autres, à moins que le marché ne porte cette mention : *arbitrable sur l'ensemble*, que l'on insère à l'ordinaire dans les affaires en coton (J. H., 1871, II, 160). En ce dernier cas, on considère la qualité moyenne qui ressort de l'examen du lot dans son ensemble, après l'avoir classé, et les *balles de tête* compensant l'infériorité de qualité des *balles de queue*.

Les stipulations varient à l'infini : la plus ordinaire est : *arbitrable à tant de francs*, soit au-dessous, soit au-dessus et au-dessous de la base ou du type donnés.

Souvent le vendeur se réserve une franchise de 1 franc : s'il y a une bonification, on en déduit cette franchise. La stipulation : *type garanti à 1 franc près* a cette portée, et non celle de rendre la vente résiliable pour un écart de 1 franc (J. H., 1877, I, 182).

L'acheteur a droit à la résiliation si l'écart de qualité, exprimé en francs, dépasse la limite stipulée (J. H., 1870, I, 5).

Lorsqu'il n'y en a aucune, les usages de Brême permettent de livrer toute marchandise loyale et marchande; ceux du Havre le permettent-ils aussi? D'un jugement (J. H., 1877, I, 182), il semble qu'on puisse tirer en ce sens un argument *a contrario*.

IV. — *Clauses ayant un caractère absolu.* J'appelle ainsi celles qui, à raison de la stipulation qu'elles contiennent, sont violées sans qu'une question de degré puisse intervenir : à moins que la convention ne prouve que les parties ont attaché un autre effet à leur violation, la résiliation semble être la seule sanction possible, et la clause *arbitrable* ne peut être sous-entendue.

a) Provenance. On entend, au Havre, par coton de la Nouvelle-Orléans, celui qui y a été embarqué, et provient de la vallée du Mississipi et de ses affluents : le coton du Texas n'est pas recevable (J. H., 1884, I, 161).

b) Marques. La marque, l'estampille d'une maison connue, influe sur la valeur commerciale de la marchandise, et sera considérée en principe comme substantielle (J. H., 1867, I, 122; 1871, I, 44).

Il faudrait y assimiler, dans les ventes de cotons que j'ai décrites, l'indication du nom de l'acheteur, puisqu'elle influe sur le prix.

Au contraire, une légère différence des marques mises sur un lot de coton avec les marques indiquées au marché, ne saurait motiver la résiliation.

L'analogie, en effet, n'est ici que dans les mots ; ces marques n'ont pour objet que de spécialiser la marchandise ; il suffit, pour éviter la résiliation, que son identité ne soit pas douteuse (J. H., 1873, I, 181).

Enfin les marques peuvent avoir une importance réelle, comme indiquant, non plus une certaine fabrication, mais l'origine, la provenance (J. H., 1880, I, 119) ; la résiliation sera possible.

c) Conditionnement. Le mode de conditionnement est stipulé : il faut, par exemple, livrer des tafias Martinique en fûts du Havre (J. H., 1866, II, 169).

On peut concevoir bien des stipulations présentant le même caractère : telle serait celle d'une année, d'une récolte spéciale pour des produits naturels.

V. — *Clauses ayant un caractère relatif.* Ce sont celles qui ont rapport à la qualité proprement dite de la marchandise, et aux divers accidents qui peuvent lui faire perdre de sa valeur commerciale.

En principe, il n'y aura lieu qu'à une bonification : la jurisprudence devra suivre cette règle, pour se conformer à l'intention réelle des parties, à moins qu'elles n'aient donné par quelque addition, comme par exemple celle des trois mots : *et non autre*, un sens particulier à la clause insérée.

Et certains jugements rendent assez bien la manière dont on envisage dans le commerce l'attribution d'une bonification en disant que la marchandise est ainsi *ramenée à la qualité indiquée au marché*.

Dans la jurisprudence de Marseille, certains jugements portent que la résiliation ne pourra être accordée, quelle que soit la différence de qualité, ou l'importance des avaries, tant que la marchandise reste marchande et de recette : d'autres accordent la résiliation lorsqu'il y a une différence, enlevant à la marchandise 5 0/0, d'autres encore disent 10 0/0 de sa valeur.

1° Lorsqu'on se trouvera en présence des clauses *franc d'avaries*, *exempt de corps étrangers*, ou *exempt de pourri*, *mouillé et avarié*, on rétablira, au moyen de réfactions, la marchandise dans l'état indiqué par la clause (J. H., 1861, I, 115 ; 1859, I, 171 ; J. M., 1861, I, 26), la clause donnera droit aux réfactions, alors même que le mélange ou l'avarie n'aurait pas l'importance nécessaire, d'après l'usage (J. H., 1859, I, 71).

Le coton est considéré comme n'étant plus de qualité marchande lorsque l'avarie excède 6 0/0 (J. H., 1870, I, 38) ; le café, lorsqu'elle atteint deux kilos ; on s'attachait autrefois au fait de la réduction des droits de douane (1861, I, 115). Un mélange de corps étrangers de 10 0/0 aura le même effet (1860, II, 150).

Et, soit pour avaries, soit pour corps étrangers, la résiliation ne semble être accordée au Havre et à Marseille, qu'en présence d'un dommage tel, que la marchandise n'a plus cours, n'est plus loyale et marchande.

Mais il n'est pas nécessaire pour qu'il en soit ainsi, que la marchandise soit tout à fait impropre à l'usage auquel on l'a destinée, comme l'ont dit certains jugements du Havre (1858, I, 212 ; 1859, I, 171). Les exemples que je viens de donner le démontrent; les clauses relatives aux avaries et aux corps étrangers n'ont donc pour conséquence que d'étendre le droit aux réfactions.

C'est lorsqu'il s'agit de clauses visant la qualité proprement dite qu'on se contente, à Marseille et au Havre, pour accorder la résiliation, d'une différence de qualité qui laisse la marchandise légale ou de recette.

2° *Vente sur désignation*. On a vendu par exemple, 100 balles de coton Low Middling, la qualité Low Middling est représentée par un échantillon déposé, et qui sert de type officiel, l'identité du lot entier avec cet échantillon étant impossible à obtenir, va-t-on exiger, en l'absence d'une clause permettant d'arbitrer sur l'ensemble, que chaque balle soit au moins de la qualité Low Middling, sans quoi elle sera déclarée non livrable ?

L'usage ne l'a pas décidé ainsi. Supposons que le Low Middling vaille 65 francs, le Good Ordinary, la qualité inférieure, 60 francs, toutes les qualités intermédiaires valant plus de 60 francs et moins de 65 francs, et qui n'ont pas reçu de nom spécial, seront livrables, avec bonification ; il n'y aura résiliation que si la différence est d'une désignation : la marchandise recevant en ce dernier cas un nouveau nom, la chose offerte en livraison n'est réellement pas la chose vendue (J. H., 1881, I, 110 ; 1877, I, 182).

A Brême, lorsqu'on mentionne simplement une classe, on peut livrer toute qualité, avec arbitrage au-dessus et au-dessous.

La mention *classe moyenne* (average) fait porter l'arbitrage sur l'ensemble.

La mention *classe suivie* (even running—gleichlaufende) a le même effet, mais ne permet, à Brême, qu'un écart d'une demi-désignation ou classe au-dessus et au-dessous.

Dans les contrats, coût, fret, assurance, en Angleterre, on stipule souvent que la résiliation sera possible pour un écart d'une désignation, il y a bonification pour un écart moindre :

Ainsi on détermine la qualité par la clause : *Good Western f. g. f. clause* : cela signifie que la livraison dans son ensemble doit ressortir au type de *good*, et que rien ne doit être au-dessous de la désignation inférieure : *fully good fair*. Les balles inférieures à fully good fair peuvent être refusées ou bonifiées séparément. Si l'ensemble des autres balles est inférieur à Good, une bonification est accordée.

A New-York, l'arbitrage n'a lieu qu'au profit de l'acheteur et sur l'ensemble, et une différence d'une demi-classe donne le droit de résilier (R. 22).

Les parties ont pu insérer la mention *belle soie* ou *très belle soie* : un nouvel examen doit porter sur ce point ; on pourra prononcer des bonifications, même la résiliation de ce chef : sans pouvoir compenser l'infériorité de la soie par la supériorité du classement ou inversement ; c'est là le bénéfice de l'acheteur. Et la solution est très dure pour le vendeur, qui peut se voir forcé, livrant une marchandise pleinement égale à celle dont on est convenu, de subir une très forte réfaction.

3° *Ventes qualité conforme à un échantillon.* En ce cas, plusieurs décisions, interprétant rigoureusement la clause insérée, ont accordé la résiliation pour toute différence appréciable avec l'échantillon de vente.

Avant d'examiner cette jurisprudence, constatons que la conformité à l'échantillon n'exclut pas la résiliation au cas où il y a eu erreur sur l'espèce ou la provenance (J. H., 1884, I, 229), ou vice caché de la marchandise (J. H., 1880, II, 253, ou si la marchandise n'est pas de qualité loyale et marchande (J. H., 1880, I, 165 ; 1879, I, 249).

Et que l'usage du Havre qui exclut la résiliation, ne s'applique qu'aux marchandises d'importation, et non — les mêmes motifs n'existant pas — aux produits industriels (1865, I, 211).

Cet usage, fort ancien, déjà consacré en 1824 par un jugement, était si peu contesté au Havre que peu de décisions ont eu, pendant longtemps, à le constater. Il résulte de cette phrase, insérée dans la déclaration de la chambre de commerce qui a constaté en 1853 les principaux usages de la place, *lorsque la marchandise est vendue conforme aux échantillons, s'il se trouve une différence à la livraison, il y a réfaction sur le prix d'achat.* Et longtemps les jugements n'ont pas distingué, quel que fût en fait l'écart de qualité. « Connaissant ou étant réputé connaître l'usage de la place sous l'empire duquel il contracte, l'acheteur peut s'affranchir des conséquences d'une erreur ou même d'une mauvaise intention en exigeant que le marché stipule et limite la différence au-delà de laquelle la résiliation devrait être prononcée, ainsi que cela s'est pratiqué quelquefois pour des ventes à livrer ; si d'ailleurs il venait à être établi qu'il y a eu intention de fraude dans la mise en vente sur un échantillon inexact, la résiliation avec dommages-intérêts serait de droit. » (J. H., 1856, I, 179). Ou s'il veut exclure toute différence il peut faire insérer la clause, assez fréquente, *qualité conforme et non autre* (J. H., 1863, I, 55).

Les décisions plus récentes du tribunal de commerce du Havre nous présentent ce même usage sous une forme atténuée ; une différence de qualité, si elle n'est pas considérable, ne pourra motiver le laisser pour compte (1869, I, 231 ; 1878, I, 130 ; 1883, I, 119 ; 1887, I, 153).

Et le tribunal, donnant cette portée restreinte à la clause qualité conforme, la sous-entend à bon droit dans tous les marchés faits sur le vu d'un échantillon.

Cet usage s'applique aux marchandises disponibles comme aux marchandises à livrer (J. H., 1861, I, 115 ; 1869, I, 174 ; 1883, I, 119).

La Cour de Rouen a longtemps suivi la même jurisprudence et refusé la résiliation, en n'accordant qu'une bonification, en des cas où la qualité n'était pas celle qui était promise, mais où du reste la vente n'était pas faite sur échantillon (J. H., 1854, II, 18 ; 1868, II, 101).

Plusieurs arrêts successifs réformèrent diverses décisions du Havre, en ce dernier cas (Rouen, 22 juillet 1872 ; J. H., 1872, II, 253 et note ; Cassation, 20 janvier 1873, J. H., 1873, II, 41 ; Rouen, 26 juillet 1878, J. H., 1878, II, 202 et note ; Rouen, 14 mars 1884, J. H., 1884, II, 122).

La théorie qui en résulte peut se résumer ainsi :

La clause, qualité conforme à l'échantillon, doit être entendue de la même manière que si les parties avaient ajouté ces mots : *et non autrement* ; elle n'est pas moins significative, en ce que, impliquant la garantie de la conformité, elle est par cela même exclusive de ce qui n'est pas conforme (22 juillet 1872).

Il n'est même pas nécessaire que cette clause ait été insérée dans le marché ; la résiliation doit être accordée, même pour une légère différence (5 0/0), du moment où on a traité *sur le vu d'un échantillon* (26 juillet 1878).

Cette seconde proposition, tout d'abord, me semble évidemment fausse.

Les parties traitent sur une place où l'usage, consacré par la Cour de Rouen en tout autre cas que celui que nous étudions, est de n'accorder qu'une bonification, à raison des différences de qualité, lorsqu'elles ne sont pas considérables. Il s'agit en l'espèce d'une marchandise à livrer par navire ; tenu en vertu de l'obligation de bonne foi, très stricte en de tels marchés, le vendeur doit communiquer à l'acheteur tous les renseignements qu'il possède sur la marchandise, les lettres ou télégrammes reçus, la désignation sous laquelle il a acheté lui-même ; parmi ces renseignements, et au même titre, il doit lui montrer l'échantillon qu'il en a reçu ; échantillon peu volumineux, venu par une voie plus rapide que la marchandise elle-même. S'il ne communique pas l'échantillon, il encourt la résiliation pour réticence ; s'il le montre, elle peut être prononcée pour la moindre différence de qualité. Et l'intention des parties est la même, qu'elles se soient abstenues de toutes stipulations de qualité ou qu'elles aient inséré la clause : qualité conforme, avec ou sans les mots : et non autrement.

On en arrive à cette conséquence extraordinaire, qu'aucune stipulation de conformité n'ayant été faite, et l'échantillon n'ayant été montré qu'à titre de renseignement, il sera nécessaire pour le vendeur de faire insérer une clause spéciale pour éviter la résiliation, contre laquelle, étant donné l'usage de place, il doit se croire protégé.

La première proposition est certainement plus soutenable.

Il me semble cependant qu'il est difficile de ne tenir aucun compte de la coexistence, dans la pratique, de deux formes différentes de la clause qualité conforme, suivant qu'on y ajoute ou non les trois mots : et non autrement.

Accorder une réfaction, dit-on, c'est méconnaître que, suivant l'intention des parties, la conformité était une qualité substantielle de la marchandise.

Encore faut-il savoir ce que les parties ont entendu par conformité. La ressemblance absolue d'une cargaison entière, dans chacune de ses parties, avec un échantillon prélevé, est, lorsqu'il s'agit de produits naturels, une impossibilité ; il ne saurait donc s'agir, sous le nom de conformité, que d'une ressemblance très approchée ; et encore faut-il tenir compte de la manière dont le commerce envisage les réfactions ; elles ont pour effet de rétablir la marchandise de la qualité voulue.

C'est, en un mot, comme l'a constaté un arrêt d'Alger, une *conformité morale* que les parties ont eu en vue, et non une conformité absolue. C'est, du moins, ce qui doit être présumé, surtout lorsqu'il s'agit de ventes à livrer par navire.

Dans l'arrêt qui est le point de départ de sa jurisprudence, la Cour de Rouen s'exprimait ainsi :

« … Si, dans les ventes de marchandises à livrer par navire attendu, la bonne foi réciproque, l'intention présumée des parties, la facilité et la sécurité des transactions commerciales ont pu faire admettre que des différences de qualité, d'ailleurs peu considérables, doivent se résoudre en de simples réfactions, c'est que la situation des deux contractants est égale par rapport à la marchandise, en ce sens que le vendeur ne la connaît pas plus que l'acheteur, que tous deux traitent sur le vu de lettres ou de dépêches transmises au vendeur, des pays lointains où se fait l'expédition. »

On ne saurait mieux dire ; mais l'arrêt ajoute :

« … Il en est tout autrement lorsque la vente se fait sur un échantillon transmis par le vendeur ; celui-ci, qui a prélevé l'échantillon, a nécessairement la marchandise à sa disposition ; il peut et doit l'expédier conforme…. »

Et c'est là qu'est l'erreur, indéniable, absolue ; le vendeur de marchandises livrables, tenu de montrer l'échantillon, l'a reçu lui-même, la plupart du temps, de son propre vendeur, la marchandise étant expédiée par des voies moins rapides ; le vendeur de bonne foi reste dans la même situation, relativement à la marchandise, que l'acheteur, puisqu'il lui communique ses renseignements.

Les motifs si bien exposés par la Cour de Rouen gardent donc toute leur force dans les ventes sur échantillon ; la résiliation, en principe, doit être refusée.

Comme il n'y a là en somme qu'une question d'interprétation de l'intention des parties, le pouvoir des Cours d'Appel était souverain. La Cour de Cassation a donc repoussé le pourvoi formé contre un arrêt de Rouen, par arrêt du 20 janvier 1873 :

« Attendu que l'arrêt attaqué déclare expressément qu'une juste et saine interprétation du marché soumis à la Cour d'Appel ne permet pas d'admettre, dans la cause, l'application des usages invoqués par le demandeur, en matière de réfaction ; que, d'après l'intention des parties, la conformité du blé à livrer avec l'échantillon remis à l'acheteur était une condition essentielle de la vente... »

Et d'autre part, le 9 février 1885, elle a repoussé le pourvoi formé contre un arrêt d'Alger, qui avait statué en sens inverse, en ces termes :

« Attendu que si l'arrêt attaqué a constaté qu'il existait quelques différences entre le blé de l'échantillon et le blé du *Thessalas*, il a reconnu que ces différences étaient peu importantes ; qu'elles ne constituaient pas une contradiction avec les termes du marché, qui ne stipulaient entre le blé de l'échantillon et le blé à livrer qu'une conformité morale, qui existait en réalité, de telle sorte que la marchandise offerte remplissait les conditions du marché ;

» Attendu que cette interprétation des clauses du marché et de l'intention des parties n'excédait pas le pouvoir souverain de la Cour d'Alger, et ne dénaturait pas le contrat contesté. »

Dans toute cette discussion, j'ai supposé une vente à livrer par navire : lorsqu'on est en présence d'une vente en disponible, les mêmes raisons de décider n'existent pas, ou perdent singulièrement de leur valeur.

Le vendeur a la marchandise à sa disposition : le délai entre la vente et la livraison est court, il est donc moins à craindre que l'acheteur ne se décide à cause de la baisse à refuser la marchandise.

Les jugements du Havre et de Rouen ne distinguent cependant pas.

Il me semble qu'en principe la résiliation doit être accordée pour toute différence de qualité de quelque importance, avec l'échantillon, du moment que, étant donnés la nature de la marchandise, l'usage qui existe ou non de la classer à l'arrivée du navire, il y a eu négligence de la part du vendeur dans le fait de remettre un échantillon non conforme. Il faut tenir compte de ce que certaines marchandises sont difficiles à échantillonner, et ne pas accorder la résiliation, pour une différence très faible et pour ainsi dire inévitable.

4° *Qualité telle quelle.*

Cette clause, ou la formule équivalente : tel quel pour la qualité, ont pour effet d'exclure toutes réclamations fondées sur la qualité de la marchandise, à moins qu'elle ne cesse d'être loyale et marchande (J. H., 1858, I, 185 ; 1870, I, 98 ; J. M., 1854, I, 220).

Mais on peut attribuer au mot qualité une portée plus ou moins large. Certaines décisions refusent toute bonification à raison des avaries dont la marchandise est atteinte (J. H., 1880, I, 248).

D'autres décisions accordent des réfactions (J. H., 1863, I, 116 ; 1870, I, 138) à raison des avaries ; mais dans ces deux dernières espèces, les détails du marché imposaient cette solution.

De toute manière, en l'absence de stipulation spéciale, réfaction doit être accordée, semble-t-il, pour corps étrangers, lorsqu'ils dépassent la proportion admise par l'usage : leur présence en effet diminue la *quantité* même livrée.

La clause : *qualité telle quelle sans réfaction* exclura toute réfaction.

Je ne fais que mentionner également la *vente sur aperçu* ; elle est conclue sur le vu d'une petite quantité de marchandise, prélevée sur une partie seulement des sacs ou des balles, vendus et fournis à titre de renseignement et sans aucune garantie du vendeur, non seulement pour la qualité de la marchandise, mais même quant aux avaries ; mais il faudra toujours que la qualité soit loyale et marchande (J. H., 1886, I, 107 et II, 276).

F. Dommages-intérêts pour résiliation ou retard.

I. — La tendance de la jurisprudence est, en matière de ventes à livrer surtout, d'éviter, comme nous l'avons vu, la résiliation. Elle accorde, de plus, assez difficilement des dommages-intérêts, lorsque la vente est résiliée. Elle les refuse, je l'ai dit, lorsqu'une vente maritime est résiliée à raison de la qualité de la marchandise, si le vendeur est de bonne foi.

Il y a au contraire faute du vendeur, susceptible de motiver sa condamnation à des dommages-intérêts, lorsque la résiliation est due à une réticence ou une fraude de sa part, ou lorsqu'il a manqué aux engagements pris en ce qui concerne les délais d'embarquement, de désignation, de livraison : obligations précises, et dont il est plus à même, malgré la distance, d'assurer l'exécution.

II. — Voilà pour le principe de l'obligation aux dommages-intérêts.

Quant aux procédés employés pour fixer le montant de cette obligation, on ne saurait guère les exposer théoriquement ; il n'est pas de matière où les usages et les circonstances de fait aient plus d'importance.

Avant de donner quelques exemples, je rappelle qu'en principe les dommages-intérêts comprennent la perte éprouvée et le gain dont on a été privé, avec ce tempérament en faveur du débiteur de bonne foi, qu'il n'est tenu que des dommages-intérêts qui ont été prévus ou qu'on a pu prévoir lors du contrat, lorsque ce n'est point par son dol que l'obligation n'est point exécutée (art. 1184, 1149, 1150 c. c.).

C'est dans l'appréciation de ce qui a pu être prévu lors du contrat, que les circonstances de fait jouent un rôle prépondérant. Il est de plus très difficile de résoudre cette question : quelle aurait été la conduite de l'acheteur si le vendeur avait tenu ses engagements? Et cependant c'est à cette question qu'il faut répondre, pour établir le dommage éprouvé ; on est souvent forcé de s'en tenir à des probabilités.

En certains cas, la solution s'impose, l'acheteur, l'inexécution étant un fait acquis, s'est remplacé ; le vendeur a revendu régulièrement ; la différence entre le prix du marché et le cours du jour du rachat ou de la revente, doit être remboursée, si elle est une perte, par la partie qui a manqué à ses obligations (J. M., 1862, I, 294 ; 1864, I, 58 ; J. H., 1872, I, 176 ; 1883, I, 102).

Au cas contraire, pas de dommage : partant pas de dommages-intérêts ; cette solution, qui semble simple, a dû être consacrée par plusieurs décisions (J. H., 1871, I, 110, 179 ; 1884, I, 58, etc.).

Quant aux conditions dont l'accomplissement rend un remplacement ou une revente régulièrement opposables, les conventions où les usages varient à l'infini.

D'autres cas encore sont assez simples, bien qu'on ne soit plus aussi sûr de réparer exactement le préjudice causé.

Ainsi le vendeur, en refusant indûment des réfactions, a causé un retard dans la livraison ; la marchandise a baissé : on déduira du prix une somme représentant cette baisse : il n'est pas certain cependant que l'acheteur, certain de l'issue du procès n'ait pas dès longtemps revendu à terme, à un cours plus élevé (J. H., 1870, I, 44 ; J. M., 1877, I, 72).

En cas de résiliation, la question de savoir sur quel cours

il faut se baser a reçu bien des solutions différentes, à Marseille.

Le plus haut cours atteint depuis la vente (J. H., 1858, II, 149) ; ceci est évidemment inacceptable.

Le cours du jour où une première sommation a été faite (J. M., 1871, I, 96 ; 1875, I, 129).

Le cours du jour où l'intention de résilier a été manifestée (J. M., 1871, I, 254).

Enfin, le cours du jour fixé pour la livraison ou du dernier jour du délai fixé (J. M., 1847, I, 99 ; 1868, I, 315).

La jurisprudence du Havre accepte cette dernière solution (J. H., 1870, I, 234 ; 1873, I, 124 ; 1882, I, 47).

Faut-il y voir une solution obligatoire en tous les cas ; ou doit-on l'appliquer au cas seulement où la preuve du préjudice véritable n'est pas fournie ?

Si le contrat avait été exécuté, la marchandise serait arrivée avant un relèvement des droits de douane ; de là un bénéfice, dont l'acheteur a été privé. Ce bénéfice indirect n'est pas nécessairement, si les parties ne l'ont pas mentionné dans le contrat, de ceux qu'elles ont pu prévoir ; il y a là une question de fait ; une décision de Marseille a refusé d'en tenir compte.

Le prix porté au contrat était de 100, l'acheteur a revendu la marchandise, livrable, au cours de 110 ; au moment fixé pour la livraison, elle est revenue à 105.

Tiendra-t-on compte à l'acheteur du prix auquel il a revendu, aura-t-il droit à 10, et non à 5 ?

Il semble qu'il y ait là, par excellence, des dommages-intérêts qui ont été prévus, ou qu'on a pu prévoir lors du contrat : rien n'autorisait à croire que l'acheteur ne revendrait pas avant la livraison ; et du reste le cours de 110 pouvait aussi bien être atteint au terme fixé pour la livraison ; j'admets donc que les dommages-intérêts seront de 10, pourvu que la revente ne puisse s'exécuter, par la faute du premier vendeur.

Ceci suppose une marchandise spécialisée, et qui a été revendue dans les mêmes conditions ; ainsi, le nom du navire et les marques des balles ont été donnés semblables dans les deux marchés : on s'aperçoit à l'arrivée que l'embarquement n'a pas eu lieu dans le délai indiqué, qui est le même, et les deux ventes sont résiliées : le deuxième vendeur ne doit pas perdre son bénéfice, qui est de 10.

Il en serait tout autrement d'un simple marché à terme, sans spécialisation de marchandise ; non livré, l'acheteur peut se remplacer au jour fixé pour la livraison, et remplir ses obligations ; la différence des prix fixe les dommages-intérêts ; c'est ce cas que prévoient les solutions d'espèce suivantes : J. H., 1870, I, 234 ; 1873, I, 124 ; 1882, I, 47 ; J. M., 1862, I, 118.

Même si les circonstances sont de nature à exempter le vendeur défaillant de tous dommages-intérêts, à raison de la résiliation même, il pourra en être alloués, à raison des frais du procès, et du tort fait au crédit commercial de l'acheteur. (Cassation J. H., 1871, II, 210).

III. — Le grand inconvénient de la résiliation, on le comprend, est de ne pas respecter l'attribution des risques commerciaux, telle qu'elle ressort du marché passé. Une hausse de 5 s'est-elle produite, l'acheteur obtiendra, en résiliant, cette différence à titre de dommages-intérêts. S'il y a eu baisse, de la même importance, il profitera du motif de résiliation fourni pour échapper aux conséquences d'une opération mal conçue. De là la défaveur avec laquelle le commerce envisage la résiliation.

Dans tous les cas où résiliation totale ou partielle doit être accordée, d'après les règles que j'ai exposées, le commerce étranger en a évité les inconvénients, en adoptant un mode de règlement de tous points supérieur, et fort simple.

L'acheteur, si c'est lui qui a droit à la résiliation, envoie à son vendeur une facture basée sur la quantité offerte, et non livrable; ou sur la quantité indiquée au contrat, si la résiliation a lieu avant la livraison : et établie au cours du jour de la résiliation, avec addition en sa faveur, d'une pénalité fixée à tant par livre, ou, suivant les cas, arbitrable entre un minimum et un maximum.

Cette facture entre en compensation avec celle du vendeur, établie sur les bases indiquées au marché : on comprend que l'acheteur puisse, en cas de baisse, se trouver débiteur vis-à-vis du vendeur défaillant : mais il n'a pas le droit de se plaindre, puisqu'il peut se remplacer : et la pénalité accordée, venant, suivant le cas, en augmentation de la différence à recevoir, ou en diminution de la différence due, compense pour lui les ennuis de ce remplacement.

Même règlement pour les différences en plus ou en moins sur les quantités vendues.

Il suffirait évidemment d'insérer des clauses à cet effet dans les marchés pour introduire en France ce mode équitable de règlement.

Il est consacré par les statuts et règlements du New-York Cotton Exchange (Rules, 7, 8, 10), de la Liverpool Cotton Association (28 *a*, 29 *a*, 30 *a*, etc.), de la Bourse du coton à Brême, par les modèles de marchés usités à Londres, etc.

G. **Portée de l'usage du Havre qui exclut les réclamations après l'enlèvement de la marchandise.**

« Après l'enlèvement de la marchandise, il n'y a plus lieu à aucune réclamation. » Cette formule, insérée dans une déclaration de la Chambre de commerce du Havre, du 26 août 1853, qui constatait les usages généraux du commerce de la place, répétée dans les modèles de marchés en usage pour les ventes de coton disponible, demande quelques explications.

Prise au pied de la lettre, elle exclurait, après la livraison, tant les réclamations fondées sur la qualité proprement dite de la marchandise que celles qui se baseraient sur un vice caché, une fraude du vendeur, le défaut de provenance, en l'absence de toute autre qualité substantielle.

Et le tribunal de commerce du Havre semble autrefois l'avoir entendu en ce sens.

Par deux arrêts des 17 février et 28 avril 1858, la Cour de Rouen restreint sa portée; les réclamations resteront admissibles, même après l'enlèvement de la marchandise, pour vice caché ou fraude du vendeur; l'usage contraire serait immoral, illicite.

Il se peut que de nombreux précédents aient, ainsi que les jugements réformés en 1858 par la Cour de Rouen, donné à cet usage une portée excessive. Mais un sens plus restreint et très acceptable semble devoir être attribué à la formule employée par la Chambre de commerce, lorsqu'on examine, dans son ensemble, le texte de sa délibération.

« ... La marchandise disponible est vendue, soit vue et agréée, soit conforme aux échantillons. Au premier cas, l'acheteur est sans recours *en ce qui concerne la qualité*. Dans le second cas, *s'il se trouve une différence à la livraison*, il y a réfaction dans le prix d'achat.

» L'acheteur est également obligé de prendre, moyennant réfaction, les marchandises qui n'ont pas atteint un certain degré d'avarie, et que la douane n'a pas admises à être vendues publiquement.

» Après l'enlèvement de la marchandise, il n'y a plus lieu à aucune réclamation. »

La suite des idées est très claire; il pourra y avoir lieu à réfaction pour la qualité proprement dite, ou pour avaries, si elles ne sont pas assez graves pour enlever à la marchandise son caractère de loyale et marchande ; *mais ces réfactions ne pourront être réclamées après l'enlèvement de la marchandise.*

L'acheteur se trouve — la comparaison s'impose — une fois la livraison faite, dans la même situation que s'il avait, à Marseille, agréé, après examen, la marchandise achetée. Et c'est en ce sens qu'il faut entendre cette phrase du règlement des cotons ; le coton disponible se vend qualité vue, reconnue ou agréée. L'agréation n'a lieu qu'au moment de la livraison et résulte de la manière dont elle est faite.

Les deux parties y sont représentées par leurs employés ; le pesage se fait en commun et les bonifications pour avaries sont réglées d'un commun accord ; en cas de différend, on appelle le courtier qui a traité l'affaire. Et le pesage se faisant balle par balle ou sac par sac, il y a un examen détaillé de la marchandise livrée.

Depuis 1858, le tribunal du Havre, tout en énonçant toujours l'usage invoqué en des termes absolus, ne donne que des solutions en accord avec cette théorie et analogues à celles de Marseille que j'ai rapportées à propos de la vente en disponible.

L'enlèvement de la marchandise sans réserves exclut pour l'acheteur le droit de réclamer à raison de la qualité proprement dite (J. H., 1876, I, 136 ; 1882, I, 182).

Mais il conserve ce droit s'il y a eu fraude du vendeur (J. H., 1858, II, 277).

Ou vice caché de la marchandise (motifs d'un jugement du Havre, 1876, I, 136 ; arrêt de Paris, J. H., 1880, II, 253).

De même, si la marchandise ne répond pas à la désignation garantie, lors même que des acomptes ont été versés au vendeur, qu'elle a été mise aux Magasins-Généraux par l'acheteur, qui l'a même donnée en gage en endossant le warrant, la résiliation peut encore être demandée ; le jugement du

Havre a été confirmé en appel et le pourvoi a été rejeté (J. H., 1877, I, 182 et II, 197; 1881, II, 36).

Le fait même d'avoir livré à un tiers n'entraîne pas déchéance (J. H., 1884, I, 60).

Mais en tous ces cas, il faut que le délai soit assez bref pour qu'on ne puisse supposer une acceptation définitive ; il faut de plus que l'identité de la marchandise puisse être régulièrement constatée. Faute de l'une ou de l'autre de ces deux conditions, toute réclamation est irrecevable (J. H., 1877, I, 221 et 228 ; 1878, I, 199 ; 1883, I, 42 ; 1887, I, 147, etc.).

CHAPITRE III

I. — Les traits qui distinguent essentiellement la vente par navire sont les suivants : la marchandise est spécialisée avant la livraison, l'obligation du vendeur est modifiée à raison des risques courus par elle ; le plus souvent, l'époque de livraison n'est pas déterminée d'une manière ferme ; elle est suspendue à l'arrivée du navire.

Le lien qui relie ces trois caractères les uns aux autres est évident.

Dans le marché à terme, au contraire, la marchandise n'est spécialisée qu'au moment de la livraison ; le terme est fixé directement ; aucun fait postérieur ne peut dégager le vendeur de l'obligation de livrer, il doit se procurer la marchandise. Ceci, sauf certains cas où il y a force majeure dans toute l'acception du mot ; l'importation de la marchandise est, par exemple, prohibée.

Si ces caractères étaient les seuls, l'étude du marché à terme serait de courte durée ; sa liquidation ne présenterait rien de particulier : *mutatis mutandis,* on pourrait lui appliquer les mêmes règles qu'à la vente maritime ; il ne resterait que peu de choses à y ajouter.

II. — Il en est d'autres que la grande majorité des marchés à terme réunit ; la marchandise qui en est l'objet existe en quantités considérables ; les transactions ont lieu pour une quantité fixe, la *quotité minimum de négociation* ou pour des multiples de cette quotité. On peut ajouter que les parties regardent en général la livraison effective comme une fin possible assurément, mais assez improbable de l'opération. Ces marchés, pris en eux-mêmes, ne sont pas en général des affaires de consommation.

Tous ces caractères rapprochent singulièrement les marchés à terme de cette espèce des opérations du même ordre auxquelles donnent lieu les valeurs mobilières. L'un d'eux demande une explication immédiate.

Sur les valeurs mobilières, la spéculation ne s'engage que sur les titres ayant un marché assez large : les fonds d'État, les actions ou obligations des grandes sociétés financières ou industrielles.

Comment donner, au vendeur à terme de marchandises, la sécurité nécessaire ? Il faut que la marchandise livrable existe en de telles quantités qu'à moins de circonstances extraordinaires, on puisse s'en procurer la quantité nécessaire à la livraison, pour une affaire de moyenne importance.

Or, il n'est guère de marchandise, surtout parmi les produits naturels, qui présente ce caractère de fongibilité absolue qui distingue les valeurs mobilières ; quels qu'en soient les numéros, 100 actions de Rio-Tinto représentent la même valeur, donnent à leur possesseur les mêmes droits ; entre deux lots de coton ou de café, la différence sera toujours appréciable.

Aussi a-t-il été nécessaire, pour donner au marché l'ampleur nécessaire, de permettre au vendeur de livrer telle qualité à son choix entre deux types extrêmes ; le prix étant déterminé à l'avance pour la qualité moyenne ou la qualité inférieure livrable, et ne devant être exactement fixé sur cette base, qu'après arbitrage, à la livraison.

C'est ainsi que pour les blés à New-York on peut livrer des N° 2 Red Winter et des 2 Chicago spring ; à Londres, n'importe quelle qualité. Pour les cotons, à Liverpool, on peut opérer sur toute qualité, mais on fait surtout du Middling — Low Middling clause. Au Havre on peut livrer de Good Ordinary à Middling, et le prix est déterminé pour la qualité moyenne de Low Middling ; à Paris, pour les sucres, du N° 3 au N° 2 inclusivement, pour le blé à partir de 75 kilos par hectolitre, etc.

La qualité n'est donc déterminée que par à peu près dans les marchés à terme proprement dits : nous verrons plus loin qu'il y a, le mode de livraison par filières étant consacré par l'usage, incertitude sur le point de savoir de qui on recevra livraison. Dans ces conditions, et la question de solvabilité étant réservée, on peut considérer pratiquement deux promesses de 50 balles de coton comme se valant l'une l'autre, surtout si l'on songe que, pour ces marchés et pour eux seuls l'usage a consacré, à Paris et à Marseille comme au Havre, l'emploi par tous les commerçants de modèles imprimés, détaillés, qui prévoient toutes les difficultés possibles, et leur donnent un caractère particulier de précision et de rigueur.

III. — Les règles juridiques de la formation des marchés à terme sont naturellement celles de toute vente commerciale. Mais les usages présentent sur divers points certaines particularités intéressantes.

La quotité minimum de négociation en est une, que j'ai signalée.

Pour le coton, on traite à la Nouvelle-Orléans sur 50.000 livres, soit environ 100 balles à Liverpool, 44.800 livres au Havre, 10.000 kilog. nets, soit environ 50 balles. Pour le café, au Havre, 30.000 kilog. bruts, ou 29.400 nets, soit environ 500 sacs ; pour le blé, 5.000 boisseaux à Chicago, 8.000 à New-York, etc.

Pour la conclusion de ces marchés et surtout la constatation des cours, il existe, dans les bourses de marchandise, un ou plusieurs *calls*, chaque jour.

Un employé procède, devant les commerçants ou leur représentants, à l'appel (call) du nom des mois, du plus rapproché au plus éloigné ; les offres de ventes et d'achat sont faites à haute voix, une offre plus avantageuse (d'acheter plus cher, de vendre moins cher) annulant les offres précédentes. Pour éviter la constatation de cours factices, il est interdit de se dire vendeur ou acheteur sur un mois, à un prix donné, sans être prêt à donner ou à prendre, à ce prix, la quotité minimum de négociation. L'acceptation, par tout membre de la Bourse ou son représentant, d'une offre faite, vaut conclusion du contrat. L'accord étant fait directement, il n'y a pas, dans les usages anglais et américains, de courtages à payer, sauf naturellement, le cas où l'une des deux parties opérait en qualité de courtier. Au Havre, il n'en est pas ainsi, et le call sert surtout à la constatation des cours, la plupart des affaires étant conclues en dehors.

L'appel du nom des mois continue jusqu'à ce que les offres s'arrêtent : on procède en général à un second appel dans les mêmes conditions (New-York, Règle 24).

Il y a, au Havre, deux calls par jour, l'un à onze heures et l'autre à quatre heures.

Le terme de livraison indiqué dans les marchés à terme sur les effets publics, est l'une des deux liquidations mensuelles, celle du 15 ou celle de la fin du mois.

De plus, ce terme est présumé être en faveur de l'acheteur, qui peut *escompter*, réclamer à toute époque antérieure la livraison, contre espèces, des titres négociés. Il faut, pour éviter cette conséquence, insérer la clause *non escomptable*.

Ce droit d'escompte est inconnu dans les marchés en marchandises.; une période de livraison est indiquée : c'est en général un mois. Et pendant ce mois, c'est en général (New-York, Liverpool, le Havre) le vendeur qui choisit son moment pour la livraison. La clause contraire est possible.

IV. — Les usages de Marseille sur ce point sont très spéciaux.

La marchandise est livrable devant les magasins que désigne l'acheteur jusqu'au 10 du mois indiqué : sommation de livrer ou de recevoir implique un délai de 5 jours. Mais après le 10, vendeur et acheteur, qui ont un droit égal, peuvent exiger l'exécution dans un simple délai de 24 heures.

La marchandise offerte en livraison étant refusée, une seconde offre est possible, si on est encore dans le délai (J. M., 1870, I, 65, 84 ; 1867, I, 281).

Les marchés à terme sont censés être prorogés par un consentement tacite, tant que l'une des parties ne met pas l'autre en demeure : la mise en demeure ne peut résulter d'une simple lettre ; non suivie de livraison dans le délai d'usage, qui est de vingt-quatre heures, elle donne le droit de résilier (J. M., 1874, I, 68 ; 1863, I, 15, 160 ; 1872, I, 38).

Pour qu'il en soit autrement, il faut une clause spéciale, de déchéance, ou de résiliation, à la fin du délai. Et la prorogation est indéfinie quant à sa durée : lorsqu'un délai par trop long se sera écoulé, le tribunal pourra repousser la demande d'exécution.

Mais un marché donnant le droit de prendre chaque mois dans une usine, telle quantité, avec faculté d'en prendre moins ou même de ne pas en prendre du tout, ne doit pas être considéré comme un marché à livrer ordinaire dans lequel la prorogation soit de droit ; à l'expiration de chaque mois, l'acheteur se trouve déchu sans mise en demeure du droit d'exiger le complément de la livraison (J. M., 1890, I, 75).

La présomption de prorogation devient également inadmissible lorsqu'une des deux parties est en état de faillite. (J. M., 1883, I, 247).

V. — Les lois qui régissent, pour les effets publics, l'écart des prix du comptant et du terme, sont assez simples. Accidentellement, beaucoup d'acheteurs demandant à être livrés, et les titres étant rares, on pourra coter un *déport* considérable. Mais normalement, les coupons à échoir étant réservés à l'acheteur à terme, le cours moyen du terme sera légèrement supérieur à celui du comptant, à un jour donné ; cette différence, ce *report* étant plus ou moins élevé suivant la plus ou moins grande abondance de l'argent.

Les considérations qui déterminent l'écart des prix entre le disponible et le terme sont très différentes, très variées. Un petit nombre d'entre elles s'appliquent à toutes les marchandises ; ce sont celles qui se déduisent de la situation de place à un moment donné.

Un petit nombre de marchandises gagnent en vieillissant : la plupart perdent : pour toutes le magasinage et l'assurance représentent des frais considérables, et il n'est pas question de revenus à toucher pour leur propriétaire. Prenons comme exemple le coton de la Nouvelle-Orléans, vendu au Havre. La récolte faite en Amérique, le nouveau coton arrive au Havre de la fin d'octobre ou commencement de décembre. Le vendeur à terme sur septembre est forcé de livrer de la marchandise de l'année précédente, emmagasinée et assurée pendant neuf ou dix mois ; le vendeur sur décembre livre du coton de la nouvelle récolte, libre de tous ces frais. On comprend que, dans une situation normale, le coton, à terme, présente un report chaque mois jusqu'en novembre-décembre et à ce moment, un déport considérable. Voici la cote du 1er mai 1888 : courant 63 ; juin 63.25 ; juillet 63 3/8 ; août 63.50 ; septembre 63 5/8 ; octobre 63 5/8 ; novembre 62 ; décembre 61 5/8.

Mêmes tendances du marché des cotons et des blés à New-York, dont j'ai les cotes sous les yeux ; les prix augmentent pour les blés jusqu'en juin, la récolte ayant lieu aux Etats-Unis en juillet et août.

Il n'en sera déjà plus de même à Londres, Paris, Marseille pour les blés. La production nationale ne suffisant pas, et les importations étant nécessaires, le blé y afflue de toutes les parties du monde ; or la récolte a lieu aux époques les plus diverses : janvier pour l'Australie et la République Argentine ; avril pour l'Egypte et l'Asie Mineure ; juin pour la Californie et l'Orégon ; juillet pour l'Autriche-Hongrie, la Russie du Sud, la plus grande partie des États-Unis ; août pour le Manitoba ; septembre et octobre pour la Russie du Nord. Les arrivages étant incessants, sauf pendant deux ou trois mois d'hiver, où ils se ralentissent un peu, on ne peut constater une progression régulière des prix, l'importance des stocks et les situations de place déterminent à peu près seules l'écart des prix entre le disponible et le terme. Il en est ainsi à plus forte raison pour les produits industriels.

VI. — Pour le coton vendu à terme au Havre, la provenance et la désignation sont seules déterminées ; il faut du coton Nouvelle-Orléans, qui ne soit ni inférieur au Good ordinary, ni supérieur au Middling. Rien n'est dit par rapport à la *soie* du coton, et on ne peut refuser un lot offert en livraison, quelque mauvaise qu'elle soit. Aussi profite-t-on des livraisons à terme pour se débarrasser de lots invendables en disponible, et voit-on ces lots passer de mains en mains sans jamais arriver à la consommation, jusqu'au moment où survient une disette de marchandises.

Il n'est pas non plus sans intérêt de remarquer que dans les nouveaux usages, on ne détermine plus la quantité par le nombre de balles ou de sacs, mais par le poids. Des abus se produisaient en effet : certains commerçants composaient des lots de balles légères et des lots de balles lourdes, et faisaient varier, suivant leur intérêt, l'importance de la livraison.

Les différents caractères que j'ai décrits s'appliquent aux marchés à terme les plus nombreux de beaucoup et les plus importants; ils ont rendu possible l'établissement des règles nouvelles, relatives à la garantie et la liquidation des marchés, que je me propose d'étudier.

En dehors du type du marché à terme, ainsi déterminé, il y a place pour une grande variété de formes différentes, mais toute théorie générale est à peu près impossible et manquerait, du reste, d'intérêt. Comme cela peut se produire, en dehors de la Bourse et de gré à gré, pour les valeurs mobilières, on traitera pour toute quantité, pour les termes les plus variés; toutes sortes de stipulations de qualité seront faites. Ces marchés constitueront en général des affaires de consommation, et interviendront surtout pour des produits d'importance secondaire et indigènes, naturels ou industriels.

Les ventes, fréquentes à Marseille, qui comportent à la fois un délai de désignation et un terme fixe de livraison, s'en rapprochent un peu.

CHAPITRE IV

MARCHÉS A OPTION

On distingue les marchés fermes des marchés libres ou
à option.

Lorsqu'il y a marché ferme, le vendeur et l'acheteur sont
tous deux obligés, sans que ni l'un ni l'autre ait la faculté de
se libérer de son engagement, ou de le modifier, ou d'en
déterminer la nature, même en payant une somme quelconque.

Lorsqu'il y a au contraire marché à option, l'une des parties paie, d'un prix déterminé à l'avance, le droit, suivant
les cas, de se dédire du marché, ou de se déclarer, à son
choix, acheteur ou vendeur, ou enfin de porter à un chiffre
plus élevé la quantité portée au marché.

I. — *Marchés à prime.* Moyennant une certaine somme
fixée à l'avance et appelée *prime*, le vendeur, ou l'acheteur,
se réserve le droit de se dédire du marché. Il en est ainsi
à l'étranger pour les valeurs mobilières, mais à Paris, il est
dans l'usage de ne faire que des marchés à prime dans
lesquels l'acheteur seul a le droit d'abandon.

Et là n'est pas la seule différence. Lorsque, à Paris, on achète du 3 0/0 dont 25, dont 50, le choix existe pour l'acheteur entre les deux solutions suivantes : demander livraison en payant le prix fixé au marché, ou abandonner la prime de 25 ou 50 centimes. Il résulte de là que le prix porté au marché sera nécessairement plus élevé que les prix des marchés fermes, dans la même Bourse; et l'écart sera naturellement d'autant plus grand que la prime à abandonner sera plus faible. Il y aura donc à un moment donné et pour une même valeur, plusieurs cours de primes. Ainsi, par exemple, le 1ᵉʳ mai 1888, et pour le 3 0/0, le cours moyen du terme étant 82.15, le 3 0/0, dont 50, valait 82,40, et le 3 0/0, dont 25, se traitait à 82.55.

Il n'en est pas ainsi pour les affaires en marchandises. En achetant ou en vendant, on limite sa perte à une somme donnée, qui représente en même temps la différence entre le prix réellement convenu et le cours du jour. Suivant la hausse ou la baisse, on réclamera ou non l'exécution.

Ou, si l'on préfère une formule plus simple, la prime est payée, qu'on réclame ou non l'exécution : et le prix porté au contrat est le cours du terme, au jour où il est conclu. Je suppose que l'on achète du coton à prime à 63 francs, la prime étant de 2 francs et en faveur de l'acheteur; suivant le parti qu'il prendra ou bien il versera 2 francs au vendeur, et ne demandera pas livraison, ou s'il la demande, il paiera 63 francs plus 2 francs, soit au total 65 francs.

Il n'y aura donc à un moment donné qu'un seul cours de primes pour une marchandise, et un terme donnés : les primes seront de 2, 3, 4 fr., etc.

Et l'on ne connaîtra par conséquent pas certaines combinaisons usitées à Paris, à la Bourse : vente d'une grosse prime et achat d'une plus faible; achat d'une grosse prime et vente d'une plus faible au double ou au triple, etc.

Le marché indique un certain terme, jusques auquel le

payeur de prime a le droit de déclarer qu'il réclame l'exécution du marché. Il attendra en général cette époque, puisque l'usage exclut pour lui la faculté d'escompter. La réponse des primes se fait, d'après les usages de Marseille, jusqu'au 20 du mois désigné pour la livraison ; au Havre, avant midi, le 15 du mois précédent le mois de livraison. Faute de faire la déclaration voulue, le payeur de la prime est considéré comme faisant abandon pur et simple de sa prime.

Il est aisé de prévoir quel parti prendra le payeur de la prime ; d'après la manière dont elle est calculée, il a intérêt à exiger l'exécution du moment où le moindre mouvement s'est produit dans le sens de ses espérances ; il ne commence à être en gain que lorsque ce mouvement a dépassé en importance le montant de la prime.

On fait quelquefois à Marseille des marchés à terme et à prime échelonnés sur plusieurs mois, pour les huiles. Chaque mois, et en prévenant le vendeur avant le 20, l'acheteur a la faculté de résilier la livraison du mois, et en ce cas, il doit bonifier au vendeur une prime de tant pour cent kilogrammes sur les quantités non reçues.

II. — *Marchés à double prime*. L'acheteur payeur de prime prévoit une hausse, le vendeur payeur de prime une baisse : tous deux veulent limiter leur risque.

On peut concevoir qu'un spéculateur prévoie un changement important dans les cours, sans en préjuger la nature. Il sera naturel pour lui, dans ces conditions, d'acheter et de vendre à terme, en payant une prime dans les deux cas, comptant réclamer, suivant l'événement, l'exécution de l'un ou de l'autre des deux marchés.

Ces deux opérations peuvent être faites vis-à-vis d'individus différents ; un seul négociant, qui croit pour sa part à la stabilité des cours, peut aussi moyennant une prime double de la prime ordinaire, accorder à un autre négociant la faculté de se déclarer, à son choix, dans un certain délai, vendeur ou acheteur d'une quantité donnée. Cette opération constitue le marché à double prime.

Il est tout naturel que la prime soit du double de la prime ordinaire, puisque le receveur de prime assume tout à la fois le risque de la hausse et de la baisse.

Les doubles primes, inconnues à Paris sur le marché des valeurs, y sont usitées, ainsi qu'au Havre et à Marseille, pour les affaires en marchandises. Surtout, à Paris, pour les sucres et les grains.

La jurisprudence m'offre à Paris un exemple de marché à double prime, à livraisons échelonnées sur plusieurs mois (Teulet et Camberlin, 1878, p. 312).

4,000 sacs de sucre étaient vendus ou achetés, livrables par quart chacun des quatre premiers mois de 1877, à raison de 72 fr. 50 par sac. Le payeur de prime avait le droit, moyennant une somme totale de 40,000 francs payable par quart sur chacun des mois de livraison, d'opter au plus tard le 15 de chaque mois entre la position d'acheteur et celle de vendeur. L'écart des cours, ordinairement assez faible, s'éleva jusqu'à 22 francs cette année-là.

III. — *Facultés*. Le vendeur ou l'acheteur avec faculté se réserve le droit de livrer ou d'exiger à l'époque indiquée le double ou le triple de la quantité achetée ferme de par le marché, au prix convenu. Il paie cette faculté en vendant au-dessous, en achetant au-dessus du cours.

Supposons par exemple que le coton à terme vaille 63 francs, le vendeur preneur de faculté vendra par exemple au prix de 62 francs. Pour la quantité simple, le marché est ferme. Le 15 du mois précédent le mois de livraison, il devra avoir déclaré, s'il veut exercer la faculté qu'il s'est réservée, son intention de livrer le double, à ce même prix de 62 francs. Il y a là comme la juxtaposition d'un marché ferme et d'un marché à prime, la prime étant la réduction de prix consentie. Pour obtenir la faculté de livrer le triple, il faudrait accorder une réduction de prix plus considérable.

Les déclarations faites dans le délai voulu par le payeur de prime ou le preneur de faculté rendent le marché ferme ; on le considère comme tel dès lors jusqu'à la livraison.

Toutes ces formes commerciales très usitées en Allemagne, en Angleterre et en Amérique, et aussi bien sur les valeurs que sur les marchandises, sont d'une introduction assez récente sur nos marchés français, où elles ont été employées parfois avant d'avoir été comprises ; et j'ai eu connaissance de ventes faites à Marseille, avec faculté de ne pas livrer, sans aucune prime à payer à l'acheteur.

On les appelle en anglais *options* ou *Puts and calls.*

Les cours de primes, doubles primes et facultés varieront suivant la situation du marché.

Les doubles primes seront d'autant plus faibles que l'on se rapprochera plus des cours normaux.

Les primes payées par l'acheteur, l'écart de prix subi par lui pour prix d'une faculté, seront d'autant plus faibles que les prix seront plus élevés, la hausse devenant moins probable.

Les primes payées par le vendeur, l'écart de prix subi par lui comme preneur de faculté, seront d'autant plus faibles que les cours seront plus bas, la baisse devenant moins probable.

Tout ceci doit être entendu avec cette restriction : toutes choses égales d'ailleurs, et doit être combiné avec tout ce qu'il peut y avoir d'anormal dans les tendances du marché. Il est bien évident que tant que le marché sera à la hausse, les conditions seront plus douces pour engager une opération à la baisse, et *vice versa.*

CHAPITRE V

GARANTIES DONNÉES POUR L'EXÉCUTION DES MARCHÉS

A. Entre vendeur et acheteur.

I. — Longtemps l'usage a été de n'entourer les marchés à terme d'aucune garantie spéciale : sur de très grandes places de commerce, Paris, Marseille, il en est encore ainsi.

Et il est assez rare, en fait, que, sur ces places, une clause, insérée dans un marché, stipule qu'une garantie soit fournie par l'une des parties à l'autre, avec ou sans réciprocité ; de telles exigences rendraient la conclusion des affaires difficile : étant individuelles, elles deviennent blessantes.

D'autre part, le courant actuel des affaires tend de plus en plus à rendre ces garanties nécessaires.

1º Les délais pour lesquels se traitent les affaires en marchandises, sont souvent très longs : dix mois, un an, plus même ; la situation de la maison avec laquelle on traite peut changer du tout au tout dans cette période.

2º Sur tous les articles traités, à termes, en grandes quantités, les mouvements, hausses et baisses, sont considérables et rapides. En un an, de décembre 1886 à décembre 1887, le cuivre a monté de plus de cent pour cent : le café qui, en mai 1886 valait 45 francs au Havre, montait en mai 1887 jusqu'à 125 francs, pour retomber à 95 francs et au dessous en juin ; en une seule Bourse, il a quelquefois monté ou baissé de 8 à 10 francs, soit jusqu'à 15 pour cent de sa valeur.

3° D'autre part, les grandes opérations du commerce moderne, qu'on appelle *arbitrages*, sont toutes basées sur des différences de prix très faibles, entre le terme en Europe, et la marchandise à importer, au pays d'origine, entre le terme sur deux marchés différents, etc. Pour être rémunératrices, elles doivent être faites sur de grandes quantités : de plus la nécessité de conclure les ventes et achats qu'elle implique simultanément ou du moins à un très court intervalle, exclut la possibilité de stipuler des garanties, de choisir même avec un soin minutieux les maisons avec lesquelles on contracte. Faute de garanties d'usage, équivalant à une certitude d'exécution, ces opérations sont impossibles, le profit espéré n'étant plus en rapport avec le risque couru.

II. — La nécessité d'établir un système de garanties étant admise, le même moyen pratique s'est imposé partout ; le dépôt, avec affectation spéciale à la garantie d'un marché, d'une certaine somme, ou de titres négociables et acceptés comme équivalant à cette somme.

Vendeur et acheteur auront donc à déposer après la conclusion du marché, une somme calculée à raison de tant par unité de marchandise. C'est ce qu'on appelle le *déposit original* (original margin).

Mais les variations du marché sont incessantes ; dès qu'il y a hausse ou baisse, la sécurité diminue ; elle disparaît lorsque l'écart du cours actuel au prix du contrat équivaut au déposit exigé. Le plus souvent, on n'attendra pas une variation aussi forte : aussitôt que la hausse ou la baisse atteindra une certaine quotité, le quart, la moitié du déposit original, les usages permettront à l'autre contractant ou à l'établissement dépositaire, d'exiger de la part du perdant un nouveau versement compensant exactement la variation des cours.

Cet *appel de marge* (*margin* ou *difference*) sera répété aussi souvent qu'il sera nécessaire, jusqu'à complète liquidation du contrat.

Les marges sont restituées à raison des mêmes variations, qui les rendent exigibles, le déposit original au contraire n'est jamais restitué, avant l'exécution ou la liquidation anticipée du contrat.

III. — Il n'est peut-être pas sans intérêt d'examiner les formes que prend, sur les différentes places, l'obligation de verser le déposit et les marges ; les règlements sont plus ou moins rigoureux à cet égard. Ces deux obligations peuvent exister isolément : l'usage peut être de verser directement les marges à l'autre partie, au lieu d'en faire le dépôt.

Nouvelle-Orléans (règles 29 et 30). — Le versement d'un déposit original n'est pas absolument obligatoire ; chaque partie avant de signer le contrat régulier, ou à ce moment, peut exiger de l'autre partie un déposit de 1 à 5 dollars par balle à son choix, en faisant elle-même le déposit ; un acompte d'un dollar par balle devra être payé par l'autre partie, si elle l'exige, dans l'heure suivante.

Quant aux marges, elles ne peuvent être appelées qu'autant que, par contrat, le droit en a été réservé, et suivant les différences qui ressortent des cours affichés. Tous les versements doivent être faits avant deux heures s'ils sont réclamés avant midi ; sinon, avant midi le jour suivant.

Ils sont faits en argent, ou en chèques certifiés, sur une banque choisie par celui qui fait l'appel de marges parmi les établissements désignés par le Conseil d'administration, à l'effet de recevoir ces dépôts. Le superintendant de la Bourse

dépose lui-même l'argent ou les chèques, transmet au dépo-
sant le certificat de dépôt, qui est payable à son ordre et à
l'ordre des deux parties, à l'autre partie, un extrait du certificat.

Ces dépôts sont aux risques de la partie à laquelle l'argent
reviendra, lors de la liquidation ; elle est faite par le superintendant, qui calcule, et écrit sur le certificat de dépôt, ce
qui revient à chaque partie ; un droit d'appel est réservé.

Quand un déposit original de 5 dollars est exigé, les marges
se paient directement d'une partie à l'autre.

Elles peuvent être appelées, tant qu'il n'y a pas eu livraison,
même après l'émission ou l'endossement de la filière.

Faute, pour une partie, d'effectuer les versements exigés,
l'autre partie a le droit, à son choix de maintenir le marché,
ou au contraire de le clore (to close the contract), le résilier.

— Même texte identiquement, dans les règlements du New-
York Cotton Exchange (Règles 3, 5 et 6).

— Les règlements du Coffee Exchange de New-York,
applicables aux cafés et aux sucres, reproduisent aussi les
mêmes dispositions ; il n'y a que les chiffres à changer.

Sur un point, cependant, ils présentent une différence importante : sans stipulation spéciale, et par cela seul qu'un déposit original a été exigé, on peut faire un appel de marges,
aussitôt que les variations du marché équivalent à réduire de
moitié le déposit original. De nouveaux appels seront ensuite
possibles pour chaque variation de même importance.

*Settlement bye-laws — Clearing House Regulations —
Liverpool.* — Les règlements de la " Liverpool Cotton Association " imposent l'enregistrement des contrats au *Clearing
House*, créé et administré par elle : les règlements du Clearing
House font partie de ceux de l'Association, et sont obligatoires
au même titre, une clause spéciale, insérée dans tous les
marchés, s'y réfère.

Le Clearing House, comme nous allons le voir, n'est à aucun

degré, en lui-même, une institution de garantie et de liquidation des marchés, mais plutôt de dépôt et de compensation ; dans l'usage, on l'appelle plus volontiers Cotton Bank.

Le jeudi est *jour de règlement* (Settlement day).

Chaque mardi, tout membre de l'Association doit adresser à tous les autres membres avec qui il a des marchés non clos un relevé de tous ceux de ces marchés qui ont été conclus jusqu'à et y compris le samedi précédent ; constatant pour chaque affaire, la différence qui résulte en sa faveur ou à son préjudice, des cours fixés la veille, le lundi, pour servir de base au règlement.

Créé surtout pour éviter de grands mouvements d'argent, le Clearing House a un compte courant pour chaque négociant, et exige de lui ou passe à son compte le solde dont il est débiteur ou créancier d'après tout l'ensemble des transactions faites ; il peut ainsi régler toutes les différences dues entre négociants, d'après les relevés faits, au moyen d'écritures très simplifiées, en débitant ou créditant une seule fois chaque compte.

En somme, il n'y a pas de déposit original, et les marges ne sont réglées qu'avec un retard considérable. Il y a donc un perpétuel découvert ; le jeudi même, après le règlement, il s'élève, étant à son point minimum, à toute la hausse ou la baisse depuis le samedi précédent, le mercredi, il équivaut à son maximum, à toute la hausse ou la baisse pendant les onze derniers jours.

D'autre part, en un point, le système de Liverpool est plus complet que tout autre, il s'applique au livrable aussi bien qu'au terme.

Brême. — *Bourse du coton* (règle 66.) — Pas de déposit original : aussitôt que le prix du coton s'écarte d'un pfennig par livre du prix du contrat une marge peut être appelée, elle est directement payable à l'autre partie. Faute de paiement, il y a faculté pour l'autre partie de clore (reguliren) le contrat, restant créancière de la différence entre le cours actuel et le prix du contrat, plus un pfennig par livre à titre d'amende.

En somme, le système le plus complet de garanties serait celui qui permettrait d'exiger, sans clauses spéciales non seulement (comme à New-York et à la Nouvelle-Orléans pour les cotons) un déposit original, mais aussi (comme à New-York pour les cafés) des marges, payables dans un très bref délai, pour chaque variation importante dans les cours, qui, de plus, s'appliquerait (comme à Liverpool) au livrable comme au terme.

Peut-être y aurait-il, de plus, avantage à rendre obligatoire, comme à Liverpool, le système complet des garanties, instituées par suite du procédé même employé ; de peur que des mesures facultatives ne soient vite considérées comme des procédés blessants. Je constate cependant qu'en Amérique l'usage a consacré l'exigence rigoureuse du déposit original sinon des marges, exigibles seulement par clause spéciale.

B. **Garanties exigées par le commissionnaire vis-à-vis de son commettant.**

I. — L'agent de change de Paris qui traite des affaires en bourse pour le compte d'un client, lui demandera en général certaines garanties : les divers intermédiaires qui sur les places de commerce achètent et vendent des marchandises pour leur clientèle, agiront de même.

Le commettant est un négociant d'une autre place, un filateur désireux de se couvrir de ses ventes de filés ou de ses achats de marchandises, ou un spéculateur pur et simple.

Pourquoi n'opère-t-il pas lui-même ?

L'éloignement serait souvent un obstacle. Mais de plus,

les règlements de la plupart des places le lui interdiraient.

A New-York, à la Nouvelle-Orléans, à Brême, les membres seuls des bourses peuvent y faire des affaires.

La Caisse de liquidation du Havre (art. 13) n'enregistre les marchés qu'autant que les deux contractants sont domiciliés et patentés au Havre.

A Liverpool, un membre de l'Association, traitant avec un étranger, doit, s'il ne s'est pas fait représenter par un *broker*, lui faire payer un *brokerage*.

II. — Je conserve avec intention les expressions anglaises ; le broker anglais n'est pas, en effet, l'équivalent exact du courtier français.

Depuis la loi de 1866, aucun obstacle légal n'empêche plus le courtier de faire de la commission, et de traiter en son propre nom ; et sur certaines places, à Paris, par exemple, pour certaines marchandises, le métier de courtier proprement dit n'existe plus guère, au moins pour les affaires à terme.

Sur d'autres places, comme celle du Havre, il n'en a pas été ainsi : le courtage proprement dit existe encore ; le courtier se spécialise même, ne s'occupe que d'une sorte de marchandise, et ne traite le plus souvent, que des affaires à terme, ou au contraire des affaires de livrable et de disponible.

On n'accepterait pas au Havre, qu'une maison fasse à la fois du courtage et de la commission ; les quelques courtiers qui sont à la fois *agents livreurs* ne présentent pas les caractères distinctifs du commissionnaire.

Voici en effet dans quelles conditions ils opèrent : une maison de la Nouvelle-Orléans l'ayant choisi comme agent livreur, le courtier se charge de vendre pour elle du coton livrable ; mais au contrat qu'il rédige, il figure seulement en sa qualité de courtier, la vente étant directe entre la maison étrangère et l'acheteur du Havre. Il reçoit les connaissements,

7

mais les remet, le navire arrivé, à une maison de commission, qui, pour une rémunération minime, se charge d'effectuer la livraison ; la livraison faite, il établit sa facture, et a qualité pour recevoir paiement au nom du vendeur.

Quant aux marchés à terme, les règlements de la Caisse de liquidation, fondée par des courtiers, qui les ont rédigés, excluent pour tout courtier la possibilité d'être partie principale dans un marché à terme (art. 11, 12, 14). Et si continuellement, au su et au vu de tout le monde, des courtiers spéculent, ils sont toujours forcés de donner, avec son agrément, le nom d'un négociant pour liquider le marché ; et le négociant peut se faire payer sa complaisance par une commission.

Les règlements, qui protègent ainsi les commissionnaires contre la concurrence des courtiers, interviennent aussi en faveur de ces derniers ; toute affaire, même faite au *call*, et directement entre deux négociants, n'est enregistrée à la caisse que sur présentation des bulletins, signés par un courtier, en faveur de qui courtage est retenu.

En Angleterre, en Amérique, la distinction entre les commissionnaires et les courtiers, qui, du reste, étaient toujours ducroire, a presque entièrement disparu.

Le règlement du Cotton-Exchange de New-York, par exemple, ne connaît ni *brokers* ni *merchants,* mais seulement des membres égaux en droits, également qualifiés pour faire toutes les opérations qui rentrent dans le commerce du coton. S'agit-il, par exemple, d'une livraison à faire en vertu d'un marché à terme ? Les deux parties doivent nommer chacune, non pas un *broker,* mais « un membre du Cotton-Exchange, qui remplira pour lui les fonctions de *broker* » (Section 77).

Sans doute, il sera possible de se spécialiser, de s'occuper uniquement d'une sorte d'affaires ; mais les mots ont perdu leur sens technique ; à Liverpool, certains *merchants* auront une chambre d'échantillons, certains *brokers* feront le commerce d'importation.

III. — Quelles seront donc, pour revenir, après cette parenthèse, à ma question, les garanties exigées par un intermédiaire, de quelque façon qu'il s'intitule, lorsqu'il vend ou achète à terme des marchandises, pour le compte de tiers?

Les règlements de place n'ont pas à trancher cette question ; les rapports entre le commissionnaire et son client sont ce que les font les conventions, exprimées ou sous-entendues, et la nature du contrat de commission; et l'on doit se borner à donner sur les usages suivis quelques renseignements à titres de simples indications.

L'intermédiaire, qui engage sa responsabilité, s'oblige, tant vis-à-vis du client dont il exécute l'ordre, que vis-à-vis de son contractant, exigera en général, comme l'agent de change français, une couverture. Fournie en argent, ou en valeurs assimilées suivant l'usage du commerce, elle affecte le caractère d'une remise en compte courant.

Vis-à-vis de clients habituels, connus, aucun appel de fonds ne sera fait tant qu'un crédit plus ou moins large ne sera pas dépassé ; et la concurrence forcera souvent l'intermédiaire à courir ainsi des risques sérieux.

IV. — Je désirerais donner, non pas à coup sûr une théorie du contrat de commission, mais quelque idée des difficultés qu'il peut soulever, et des garanties dont on l'entoure, lorsqu'il s'agit de marchés à terme, et de marchandises dont les cours sont sujets à de brusques changements.

On peut se demander quelquefois si le commettant est tenu.

Usant d'une certaine liberté d'appréciation, que le commettant lui a souvent laissée, le commissionnaire prend sur lui, croyant mieux suivre les intérêts de son client, d'acheter ou de vendre pour lui, sans son ordre, ou, au contraire, de surseoir à l'exécution d'un ordre d'achat ou de vente ; il l'en avise immédiatement.

La jurisprudence décide que « *tout ce que le commettant ne désapprouve pas, à l'instant où il a connaissance de l'opération de son commissionnaire, est considéré comme tacitement approuvé et ratifié* ». (J. M., 1864, I, 171 ; J. H., 1870, I, 219 et 1887, I, 141.)

La solution contraire laisserait le commissionnaire à la merci du commettant, qui se déciderait à approuver ou à désapprouver, quelques jours après avoir été averti, suivant que l'opération se solderait en perte ou en gain.

Autre question ; quand le commissionnaire, chargé d'agir *au mieux*, aura-t-il outrepassé ses pouvoirs ? Il faut se référer, pour y répondre, aux relations antérieures du client, et du commissionnaire, voir de quelle importance étaient, à l'ordinaire, les transactions : il y a là comme un usage particulier qui détermine les pouvoirs du commissionnaire ; les actes faits de bonne foi et sans faute lourde dans les limites de ces pouvoirs sont opposables au commettant (J. H., 1887, I, 183, 255).

Il est actuellement d'usage au Havre, pour les commissionnaires, de traiter, avec leurs clients, aux conditions de la caisse de liquidation. L'effet de cette convention est de rendre exigibles déposit original et marges, par le commissionnaire, vis-à-vis du commettant, dans les termes mêmes où la caisse les réclame aux contractants. Il n'est pas de forcer le commissionnaire à traiter lui-même par l'entremise de la caisse ; le commettant n'y a pas d'intérêt réel, car les contrats ne peuvent lui être transférés ni endossés (art. 17) ; il reste donc en tous cas simple créancier du commissionnaire ; on ne peut, du reste, songer à forcer ce dernier, lorsque les ordres de deux de ses clients se compensent, à passer des contrats, au lieu de les considérer purement et simplement comme exécutés (J. H., 1887, I, 163, 183).

V. — Les usages du commerce permettent l'*exécution* sans mise en demeure préalable à l'échéance du terme, lorsque le client n'a pas mis son commissionnaire à même de livrer ou de recevoir livraison. Il y a là une convention tacite, autorisée par l'article 1139 du code civil : la seule échéance du terme met en demeure.

Même avant l'échéance du terme, la couverture devenant insuffisante, ou le crédit accordé étant dépassé, l'exécution sera possible, après une mise en demeure non suivie de versement dans un délai qui varie suivant l'usage, mais qui est toujours très court.

Pour les marchés à terme en marchandises, la jurisprudence a toujours accordé en principe ce double droit d'exécution ; mais sur bien des points : délais à accorder, actes constituant une mise en demeure suffisante, elle manque de certitude.

Pour tout prévenir, et éviter les contestations, il serait nécessaire de conclure avec chaque client une convention détaillée, minutieuse. Et, comme je viens de le dire, en contractant aux conditions de la caisse de liquidation, le commissionnaire s'assure vis-à-vis de son client des droits, des garanties sérieuses.

VI. — On atteint plus complètement encore le but cherché en suivant une pratique, plus usitée à l'étranger qu'en France : on a un modèle de marché imprimé, très détaillé, on l'envoie au client pour l'aviser de l'opération faite ; il retourne, après l'avoir signé, un double du contrat, ou une formule constatant son acceptation.

La clause, par laquelle un broker de Liverpool se réserve, dans un marché que j'ai sous les yeux, de se porter lui-même vendeur et acheteur, est d'usage. Recevant chaque jour de ses différents clients, sur chaque mois, un certain nombre d'ordres, d'achats et de ventes, il commence, j'y faisais tout à l'heure allusion, par les compenser entre eux, n'exécutant réellement que l'excédent des ordres d'achats sur les ordres de ventes ou des ordres de ventes sur les ordres d'achats. Il peut n'en exécuter aucun, voulant en courir le risque, faire peut-être, comme je l'expliquerai plus loin, un arbitrage sur plusieurs mois. Compensés ou inexécutés, les ordres passés sont considérés, vis-à-vis du client, comme exécutés au cours du jour ; en tous les cas, sa garantie est la même, elle réside dans la responsabilité du broker.

Je traduis, à titre d'exemple, la formule adoptée par une maison de Londres, pour les affaires en grain traitées par elle sur le marché de New-York.

« Suivant vos instructions, nous avons acheté à New-York, sous l'empire des conditions ordinaires et des usages de cette place, en matière de marchés à terme, 8,000 bushels de blé à 100 cents, livraison décembre 1888 ; commission pour acheter et vendre, 1 0/0.

Il est convenu que, pendant l'existence de ce contrat, vous devrez nous payer, sur notre demande, une marge originale, ainsi que des marges additionnelles pour les différences à votre détriment, et à votre requête nous vous rendrons ces marges additionnelles, s'il y a lieu.

Tout solde dû sur une affaire devra être payé argent comptant à Londres, trois jours au plus tard après la terminaison de l'affaire.

Sommés de prendre livraison, nous sommes autorisés à vendre à tout moment à notre discrétion pendant la période de livraison, si nous n'avons été pourvus de fonds pour recevoir par vos soins.

Notre responsabilité ne pourra être engagée par les erreurs ou les lenteurs des transmissions télégraphiques, et nous ne serons pas forcés de vendre ou d'acheter en bourse, mais pourrons remplir les instructions reçues par tout autre moyen qui se trouvera être préférable, sur la base de la valeur courante en bourse au jour de l'exécution de l'ordre. La responsabilité qui s'attache aux mandataires ne sera pas considérée comme applicable à cette affaire, excepté quant à la valeur courante en bourse au jour de l'exécution.

Si ces conditions ne sont pas remplies, chaque partie à sa discrétion aura le droit de revendre ou de racheter suivant le cas, et la partie en faute devra l'indemniser de la perte résultant de cette revente ou ce rachat. Si l'une des parties suspend ses paiements, fait banqueroute ou entre en arrangement avec ses créanciers d'une manière ou d'une autre, l'autre partie aura à sa discrétion le droit d'acheter ou de vendre suivant le cas, et pourra réclamer contre la partie défaillante ou sa faillite, la perte résultant pour elle de ce rachat ou cette revente ; mais si un bénéfice se produit, le défaillant ou sa faillite en seront crédités.

En cas de désaccord, ce contrat gardera sa valeur, et les deux parties acceptent, le cas échéant, un règlement immédiat du différend par voie d'arbitrage, suivant les règles d'arbitrage de l'Association du commerce du blé à Londres. »

CHAPITRE VI

LIQUIDATION AVANT LE TERME

En un certain nombre de cas, un marché peut ou doit, suivant les usages, être liquidé dès avant le terme.

I. — *Compensation*. Le premier cas, et le plus simple, est celui où A, ayant vendu une certaine quantité de marchandises à B, sur un certain mois, lui achète ensuite cette même quantité sur ce même mois.

L'usage étant, je l'ai dit, de ne vendre qu'une certaine quantité minimum de marchandises, appelée l'*unité de contrat* ou des multiples de cette unité, et de rédiger un contrat pour chaque unité vendue, deux contrats sur le même mois peuvent toujours se compenser exactement.

Chacune des deux parties aura le droit, en en avisant l'autre partie, de provoquer, en vertu de cette compensation, la clôture des deux opérations.

Si les prix sont les mêmes, aucune liquidation n'est nécessaire. S'il en est autrement, l'une des deux parties doit à l'autre une différence, qui semble n'être payable qu'au terme fixé pour la livraison. L'usage a préféré une autre solution ; la différence sera payée immédiatement, sous escompte.

En Amérique, à Brême, il faut, pour que cette liquidation anticipée ait lieu, l'initiative de l'une des deux parties. Elles y ont, du reste, intérêt ; le déposit et les marges sont rendus.

Elle est obligatoire à Liverpool et a lieu lors du règlement hebdomadaire de différences entre les membres de l'Association du coton (*Settlement bye laws*, § 6).

L'article 58 du Règlement du Marché des farines, à Paris, s'occupe de la compensation des marchés. Il est fort obscur. Il semble ne prévoir aucune liquidation avant le mois fixé pour la livraison. Dès le premier de ce mois, celle des deux parties qui se trouve débitrice a droit de régler ce qu'elle doit. Si elle n'use pas de ce droit, du 1ᵉʳ au 4, l'autre partie peut livrer (elle peut le préférer, désirant se débarrasser d'un certain lot). La compensation qui était comme suspendue jusqu'alors se fait définitivement le 5. Le règlement se fait nécessairement par échange de factures, sans livraison ; la différence doit être payée dans les 24 heures.

II. — *Transfert de contrat*. Le règlement de New-York suppose un autre cas.

A a vendu à B 100 balles de coton sur avril ; il achète ensuite à C même quantité et même mois, les deux opérations sont faites avec des personnes différentes ; il ne peut être question de compensation, et il semble que les déposits et marges ne puissent être rendus avant le terme.

A s'adressera à B, son acheteur, et lui demandera d'accepter, se substituant à lui dans son contrat, C comme vendeur recevant de lui, ou lui versant la différence, moins l'escompte entre les prix portés aux deux contrats. B est libre de s'y refuser ; s'il consent, il a droit à une rémunération de 5 cents par balle (*Rule* 4, *New-York, Cotton Exchange*).

III. — *Rings.* A vend à B, au prix de 80.

B vend à C, au prix de 90.

C vend à D, au prix de 100.

D vend à A, au prix de 95.

Quatre marchés, quatre parties seulement y figurant, chacune comme vendeur et comme acheteur d'une même quantité sur un même mois, chacune gagnant ou perdant en cette double qualité, une différence. L'avantage que chacun trouve à une liquidation immédiate est évident; on peut ainsi alléger ses comptes, éviter de courir, si aucune garantie n'a été donnée, les chances de l'insolvabilité des autres parties ; obtenir, en cas contraire, la restitution des déposits et des marges versés.

Et cette liquidation est possible dès qu'on s'est aperçu que l'anneau (ring), la chaîne était complète, le dernier acheteur étant le premier vendeur.

Sans doute tous les prix pourraient être réglés intégralement, en tenant compte de l'escompte d'acheteur à vendeur.

Mais cela entraînerait un mouvement d'argent considérable : mieux vaut essayer de ne payer que les différences dues.

Or, A, qui a vendu à 80 et achète à 95, perd 15 ;

B, qui a acheté à 80 et vendu à 90, gagne 10 ;

C, qui a acheté à 90 et vendu à 100, gagne 10 ;

D, qui a acheté à 100 et vendu à 95, perd 5 ;

Mais qui va dire à A et D à qui, dans quelle proportion ils doivent payer leurs différences ? S'il fallait un organisateur du ring, on pourrait en faire aussi un banquier qui encaisserait et paierait les différences. Un autre procédé, adopté en Amérique et à Brême, force à déplacer plus d'argent, mais permet d'éviter tout intermédiaire.

On prend comme point de départ du règlement un certain cours, fixé tous les jours à la Bourse, et qu'on peut appeler, vu l'analogie des situations [1], *cours de compensation.*

Et, si l'on cherche à analyser le procédé employé, on voit qu'il consiste en ceci : au lieu de considérer dans leur résultat d'ensemble, pour chaque membre du ring, les deux opérations, vente et achat, on les disjoint. Comme vendeur, il est censé avoir racheté, comme acheteur, avoir revendu au cours de compensation ; il a à payer, ou à recevoir en chacune de ces deux qualités, une différence ; c'est envers son contractant qu'il en est débiteur ou créancier.

En d'autres termes, chaque vendeur reçoit de son acheteur la différence entre le prix de vente et le cours de compensation, si ce cours est inférieur au prix de vente ; il la lui paie au cas contraire.

On peut enfin dire, et cela revient encore au même, que chaque vendeur est censé avoir reçu de son acheteur le prix de la marchandise, calculé sur le cours de compensation.

Supposons, dans le cas actuel que, la baisse ayant continué, le cours de compensation soit 92.

A, qui a vendu à B à 80, et acheté à D, à 95, paie à B, comme vendeur 12, à D, comme acheteur, 3, soit 15 au total, ce qui est bien la différence entre son prix de vente et son prix d'achat.

B, qui a acheté à A à 80 et vendu à C à 90, reçoit de A 12, paie 2 à C ; la différence, de 10, représente bien son bénéfice.

C, qui a acheté à B à 90 et vendu à D à 100, reçoit de B 2, de D 8, soit au total 10, son bénéfice.

D, qui a acheté à C à 100 et vendu à A à 95, paie à C 8, reçoit de A 3 ; la différence, de 5, équivaut à sa perte.

Si l'on fait la somme des versements faits, on trouve que

---

1. Avec le cours de compensation fixé à Paris, pour le règlement des différences entre les agents de change et leurs clients.

deux des membres du ring, B et D, ayant reçu d'une main pour payer de l'autre, le total atteint 25, tandis que le total égal des gains ou des pertes n'est que de 20.

A New-York (§ 4), à la Nouvelle-Orléans (§ 27), à Brême (§ 67), le ring est obligatoire, en ce sens que tout intéressé a le droit d'en former un, et que toutes les parties qui le composent sont dès lors forcées de régler sur la base du ring. La formation du ring se fait par notification aux parties intéressées; on laisse à chaque partie, en exigeant un reçu, un exemplaire du ring.

Et les effets du ring sont, dans les bourses américaines, très énergiques. « Toutes les notifications faites, dit le règlement de New-York, le ring aura son plein effet, et ne pourra être rompu par la faillite d'une des parties. »

Qu'est-ce à dire, sinon qu'il y a novation complète et définitive des obligations résultant de la vente, en des obligations nouvelles dont l'objet est différent.

Grâce au procédé adopté, les versements à faire dépassent la somme des gains; certains membres du ring doivent recevoir d'une main, payer de l'autre; il n'est donc pas impossible, en cas de faillite, que l'un des membres du ring, qui est gagnant sur le papier, se trouve rester en perte; mais, sans cette liquidation anticipée, il court, pendant une plus longue période de temps, des risques analogues. Le déposit et les marges, s'il y en a, restent du reste affectés au règlement du ring; et de nouveaux appels de marges restent possibles jusqu'au paiement des différences.

IV. — J'ai supposé résolue, jusqu'ici, en étudiant le règlement du ring, une question assez embarrassante : comment s'aperçoit-on, en pratique, de la possibilité de former un ring?

Lorsqu'il y a possibilité de compensation, les deux parties s'en aperçoivent le plus facilement du monde, évidemment.

Mais comment, dans mon exemple, A, qui a vendu à B, racheté à D, va-t-il se douter que d'autres marchés passés entre B et C, C et D, rendent possible un règlement général par différences ?

La réponse à cette question serait facile si tous les marchés faits étaient cotés et affichés avec le nom des deux parties. Mais il n'en est pas ainsi. A New-York on les cote sous le nom du vendeur seulement (Règl. New-York, 90) ; ailleurs, sans aucun nom.

Tous les jours, à New-York, dans un local pourvu à cet effet, les commis des brokers se réunissent pour former des rings ; chacun d'eux est muni de la liste complète des opérations faites par leurs patrons, avec les noms des deux parties pour chaque marché. Le commis de A va s'entendre avec celui de B, ils rechercheront ensemble si B n'aurait pas vendu à D, avant ou après avoir acheté à A, ceci importe peu. Il n'en est pas ainsi, mais il a vendu à C, à E et à F ; le commis de C trouvant le nom de D sur la liste des acheteurs, le ring se formera.

Il n'y a sans doute aucune raison mathématique pour qu'on réussisse par ces tâtonnements à former un ring, cela peut être impossible, ou bien la chaîne des vendeurs successifs peut être longue, difficile à former ; mais la plupart du temps on y arrivera, étant donnée la multiplicité des affaires faites par un même broker, la concentration du plus grand nombre des affaires, même sur une place importante, en un petit nombre de mains.

L'exécution par un broker important de ceux des ordres reçus qui ne sont pas compensés les uns par les autres, le rend chaque jour vendeur ou acheteur, sur un mois donné, vis-à-vis d'un grand nombre de maisons. Une revente ou un rachat fait, il peut choisir entre ces maisons celle avec laquelle il peut compenser ou former un ring simple. Et la publicité restreinte donnée, la connaissance du nom des ven-

deurs, guidera plus ou moins, on essaiera d'abord de former le ring avec ceux des brokers à qui on a vendu : qui sont eux-mêmes, de par les marchés antérieurs ou postérieurs, gros vendeurs sur le mois voulu.

A Liverpool, à Londres, on a recours à un système analogue de tâtonnements.

Deux carnets, tenus par chaque broker, et où tous les marchés sont inscrits, dans l'un, par mois, dans l'autre, sous le nom de la maison avec laquelle ils ont été passés, facilitent les recherches.

Mais le ring n'est pas, en Angleterre, une institution officielle, il n'est que toléré, absolument facultatif; par conséquent, chaque partie peut refuser d'y consentir. Mais les intéressés n'ayant aucune raison de ne pas s'y prêter, les rings sont, en fait, très fréquents.

CHAPITRE VII

CAISSES DE LIQUIDATION

Je me servirai, pour cette étude des Caisses de liquidation, des règlements et bulletins de la Caisse du Havre, la première fondée. Les deux Caisses fondées à Paris n'y ont fait, du reste, que des modifications de détail, le mécanisme reste le même.

« La Caisse de liquidation des affaires en marchandises au Havre, dit l'article 1ᵉʳ du Règlement, a pour objet de garantir la bonne exécution des marchés enregistrés par elle. »

De plus, son nom même l'indique, elle en organise et facilite la liquidation.

Voyons par quel mécanisme elle remplit ces deux objets.

I. — Par l'entremise du courtier C, A vend à B la quotité minimum de négociation à terme, soit 50 balles coton New-Orleans. Le courtier rédige *deux déclarations* et *deux formules* séparées d'achat et de vente. Il fait signer au vendeur une formule de vente et une déclaration de vente, à l'acheteur une formule d'achat et une déclaration d'achat. Il conserve les deux formules qui constituent son titre vis-à-vis des

parties et remet à la caisse les deux déclarations séparées de
vente et d'achat. Elles y sont enregistrées sur un livre d'entrée où l'on reproduit pour chacune les énonciations essentielles :

       1° Numéro d'ordre;
       2° Noms du courtier et du contractant;
       3° Date;
       4° Nature de la marchandise, quantité, mois et prix.

En échange de ces deux déclarations, qui sont conservées
par la Caisse et constituent l'engagement des parties vis-à-
vis d'elle, la Caisse délivre *un bulletin de vente et un bulletin
d'achat,* qui doivent être remis par le courtier aux deux contractants, et qui constituent l'engagement de la Caisse à leur
égard.

Ces deux bulletins portent deux numéros qui se suivent,
les bulletins de vente ayant les numéros impairs et les bulletins d'achat les numéros pairs, et qui correspondent aux numéros donnés aux deux déclarations lors de leur enregistrement. Ils reproduisent les énonciations de la déclaration et
ne contiennent par conséquent que trois indications de personnes : le courtier, le contractant et la Caisse de liquidation.

Le contrat de vente, tel qu'il existait d'abord entre A et B,
s'est scindé en deux contrats différents, où la Caisse figure
comme vendeur vis-à-vis de B, comme acheteur vis-à-vis de
A, et A et B sont devenus étrangers l'un à l'autre, ne connais-
sent plus que la Caisse, ne sont tenus que vis-à-vis d'elle, ne
peuvent réclamer qu'à elle l'exécution du marché.

Dans cet effet si énergique de l'enregistrement des marchés, on peut voir la novation des deux obligations du vendeur et de l'acheteur ; ou plutôt peut-être, du moment où la
vente a été faite sous condition d'enregistrement, deux offres,
de vente et d'achat, que le courtier est chargé de commu-

niquer simultanément à la Caisse. Si l'on adoptait cette dernière opinion, on devrait considérer le marché comme inexistant au cas où la Caisse refuserait d'enregistrer ; c'est avec elle, et elle seule, que les deux parties ont entendu contracter.

Quoi qu'il en soit, on pourrait souhaiter que les termes mêmes du Règlement donnent une idée plus nette de cet effet, qui ne ressort clairement que de l'examen des bulletins employés ; l'article premier : « la Caisse a pour objet de garantir l'exécution des marchés enregistrés par elle », ferait au contraire songer à un simple engagement accessoire.

II. — J'étudierai plus loin les raisons qui permettent à l'engagement pris par la Caisse d'équivaloir à une complète certitude d'exécution ; mais il est bien évident que la première condition sera, pour offrir à un nombre considérable de contractants la sécurité voulue, de prendre des précautions minutieuses, de se munir d'un système complet de garanties vis-à-vis de chacun d'eux.

L'enregistrement d'un contrat n'est fait que *moyennant et après* le versement d'un original déposit effectué *par chacun des contractants* à titre de garantie spéciale pour l'opération.

Et il faut entendre, *par l'un et l'autre contractant,* en ce sens, que la condition est considérée comme indivisible en son exécution ; le défaut par le vendeur de verser le déposit original, motivera aussi bien vis-à-vis de l'acheteur, qui l'a versé, que du vendeur lui-même, le refus d'enregistrement ; sans quoi la Caisse, se constituant vendeur sans contre-partie, courrait les risques de la hausse.

De plus, la Caisse doit être couverte de toute variation dans les cours par des versements à titre de marges faits par les contractants. Les cours affichés servent de bases pour le règlement des marges, et l'affichage tient lieu d'appel.

8

Les Règlements prévoient l'importance des variations à raison desquelles les marges sont reçues et restituées.

Il suffit, en général, d'une différence équivalant à la moitié ou au tiers du déposit original.

Les versements sont faits soit en espèces, soit en valeurs ou titres à la satisfaction du Conseil d'administration.

Si ces titres sont nominatifs, il y est joint une déclaration de transfert et d'affectation spéciale en garantie, permettant au Conseil d'administration de les vendre dans le cas où le titulaire n'aurait pas satisfait aux versements de marges.

D'autre part, les déclarations du courtier, signées par les parties, et qui constituent vis-à-vis d'elles le titre de la Caisse de liquidation, soumettent le marché à l'application des règlements de la Caisse ; ces règlements donnent à la Caisse, en cas de non paiement des marges, le droit d'exécution.

III. — Du fait pour la Caisse de se porter partie principale aux marchés enregistrés par elle, découle naturellement son rôle comme institution de liquidation.

Il fallait, pour pouvoir liquider avant le terme, avoir acheté, puis vendu, ou *vice versa*, la même quantité, sur le même mois, au même individu ; ou arriver à former un ring.

Du moment où par deux marchés enregistrés on a vendu et acheté une même quantité sur un même mois, la contre-partie est nécessairement la même ; c'est la Caisse de liquidation dans les deux marchés, on rentre dans le cas, si simple, de la compensation.

Lorsqu'il y aura livraison effective, la Caisse de liquidation interviendra, nous le verrons, au même titre que les autres parties dans la liquidation des filières.

Deux contrats s'étant ainsi compensés, la liquidation anticipée est facultative pour le contractant.

S'il a de l'argent en abondance, il préférera attendre la livraison ; quelquefois il a le désir de livrer comme vendeur, et de recevoir comme acheteur, voulant se débarrasser d'un lot difficile à vendre en disponible. La Caisse accorde du reste un intérêt de 3 0/0 sur le déposit et les marges versés.

S'il préfère la liquidation, la Caisse, sur la présentation d'un règlement établi par lui et basé sur les bulletins de vente et d'achat, lui fait remise dans les 24 heures du déposit et des marges versés, en y ajoutant ou en déduisant, suivant le cas, la différence qui résulte de l'opération. La Caisse tient compte au contractant de l'intérêt à 3 0/0 sur le déposit et les marges ; la différence est escompté à raison de 3 0/0 l'an si elle est en faveur de la Caisse, de 6 0/0 si elle est en faveur du contractant. Et la Caisse retient en tous les cas sur chaque opération le courtage, pour le compte du courtier, et une certaine commission.

IV. — J'ai toujours supposé jusqu'ici la déclaration faite par le courtier à la Caisse des noms des parties intéressées, acheteur et vendeur. Il peut en fait n'en être pas ainsi ; il peut se porter *garant* de l'opération.

Les bulletins lui sont alors remis, le nom des contractants étant laissé en blanc. Il a, dit le Règlement, l'obligation absolue de les remplir immédiatement, et ne peut sous aucun prétexte en différer l'inscription, sauf certaines peines disciplinaires.

Le courtier garant verse à la Caisse un original déposit, de la valeur ordinaire, et qui est affecté en garantie du contrat d'achat et de vente indistinctement. Il doit payer les marges, qu'il y ait hausse ou baisse.

Lorsque le contrat a été enregistré dans ces conditions, chacun des deux contractants peut, lorsqu'il ne veut plus rester ignoré, se substituer au courtier en payant le déposit et les marges : il doit justifier de sa qualité en présentant le Bulletin mis à son nom par le courtier.

Cette faculté de garantie du courtier a été introduite pour permettre à un contractant de rester ignoré pendant la durée du contrat : malgré l'interdiction, dépourvue de sanction réellement pratique, du Règlement, elle a permis aux courtiers de faire enregistrer des affaires qui n'étaient pas encore conclues, en en courant eux-mêmes le risque ; en un mot, de spéculer pour leur compte. Ils en sont quittes, lorsqu'ils veulent liquider l'opération, pour trouver un commissionnaire qui consente, par complaisance ou moyennant commission, à leur prêter son nom.

Si le courtier garant manque à payer les marges, on examine ses livres, et si les blancs n'y sont pas remplis, c'est sous son nom qu'on exécute.

Le contrat porte quelquefois le nom de deux courtiers qui ont fait l'affaire de compte à demi, l'un ayant procuré l'acheteur, l'autre le vendeur.

Le sacrifice de tout ou partie du courtage par le courtier, assez fréquent bien que les statuts de plusieurs sociétés de courtiers l'interdisent, permettra quelquefois de conclure une affaire impossible sans cela. Cela arrive lorsque les deux parties n'arrivent pas à s'entendre, n'étant séparées que par une différence minime sur le prix ; pour gagner un courtage même réduit, ou pour rendre service à un client, le courtier sacrifie tout ou partie du courtage : pour niveler les prix, la déclaration à la Caisse devant être régulière et porter sur un prix unique, le courtier règle de la main à la main la différence à l'une des deux parties. — En facilitant les affaires, cette pratique compense le taux plus élevé du courtage sur certaines marchandises ; sur les cafés par exemple, où le courtage à terme s'est maintenu à 1/4 tandis qu'il tombait à 1/8 sur les cotons.

V. — Le déposit et les marges constituent la garantie d'exécution de la Caisse vis-à-vis des contractants, le déposit

a été fixé en tenant compte tant de la valeur de la marchandise, que de la mobilité de ses cours.

Or il est évident que ce second caractère est éminemment
variable ; la spéculation peut s'emparer d'un article très
délaissé pendant longtemps, et lui imprimer de tels mouvements, que ses cours changent plus en une seule bourse
qu'autrefois en un mois. Le déposit original deviendra alors
insuffisant, et la Caisse risquera de rester à découvert entre
l'appel et le paiement des marges ; le Conseil d'administration élèvera, par mesure générale, le déposit original ; le
règlement lui en réserve le droit.

Mais il semble y avoir pour la Caisse d'autres et de plus
sérieux périls.

Une ou plusieurs maisons s'engagent à la hausse ou à la
baisse dans des proportions exagérées pour leur forces : à
un moment donné, elles ne peuvent plus répondre aux appels de marges : la Caisse, en exécutant leurs contrats, pré-
cipite le mouvement, et le déposit, déjà diminué des marges
non payées, ne couvre la Caisse que d'une faible partie de
ses pertes.

Autre danger : une maison puissante, ou plusieurs maisons
syndiquées entre elles peuvent accaparer la marchandise
disponible, acheter en même temps de grandes quantités à
terme, et prendre dans un *corner*, suivant l'expression anglaise, la Caisse de liquidation, hors d'état d'obtenir livraison
de ses propres vendeurs.

Contre ces deux dangers, les mêmes garanties existent : la
position favorable dans laquelle se trouve l'administration de
la Caisse, au point de vue des informations ; le droit d'élever
le déposit original par mesure individuelle.

L'administration connaît, comme tous les négociants, l'importance du stock existant sur place, elle sait toujours quels
sont les principaux détenteurs.

Tous les soirs un tableau d'ensemble est remis au directeur, qui constate la position des différentes maisons de la place sur chaque sorte de marchandise — la somme inscrite à leur crédit, à leur compte de dépôt, dépasse souvent les déposits et les marges dus par elles — les remises qui leur sont demandées, s'il y a lieu, pour les déposits et les marges de la journée.

Une maison semble-t-elle trop chargée, le directeur en confère avec l'administrateur de semaine; ils décident, s'il y a lieu, d'en entretenir le Conseil d'administration, qui peut seul décider l'élévation du déposit original, par mesure spéciale.

Comme il n'y a pas de limite à l'élévation du déposit original, la Caisse possède un moyen très sûr d'empêcher une maison de prendre des engagements qu'elle serait incapable de tenir, ou de la tenir à sa discrétion, en étant trop gros acheteur vis-à-vis d'elle.

Une objection se présente : l'acheteur peut déguiser ses opérations, en en faisant une partie sous le couvert de courtiers garants. — Ce détour sera vite découvert, et le déposit peut être élevé vis-à-vis des courtiers aussi bien que vis-à-vis des négociants.

Autre objection : une maison pourrait se faire céder un nombre considérable de bulletins d'achat par d'autres maisons, et être à un moment donné plus gros acheteur qu'elle ne semble l'être. Mais de droit commun, la substitution par l'acheteur d'un autre individu en son lieu et place ne peut avoir lieu que du consentement du vendeur ; les bulletins constatant une vente ou un achat ne sont pas endossables, ni transférables ; cela était évident à première vue, et l'article 17 du règlement a pris soin de le dire.

Si enfin l'élévation du déposit original semblait être, à un moment donné, une ressource insuffisante, il est évident, bien que le règlement ne prenne pas le soin de le dire, que la Caisse, institution privée, aura toujours le droit de refuser

purement et simplement, d'enregistrer à l'avenir les contrats
d'achat de telle ou telle maison.

La Caisse de liquidation, pourvu que son administration
soit vigilante, semble donc être, en somme, très suffisamment protégée soit contre les faillites, soit contre les tentatives de corners possibles.

VI. — Des critiques d'un ordre absolument différent se sont
élevées, qui reposent sur ce fait que, dans les bourses euro-
péennes, les marchés à terme sont tenus secrets, sont cotés
sans qu'on publie les noms des parties ; les commerçants qui
composent le Conseil d'administration de la Caisse peuvent
en avoir connaissance ; de là, pour eux, un avantage dans
leurs opérations commerciales, analogue à celui qu'aurait
un joueur de cartes, s'il connaissait le jeu de son adversaire ;
la possibilité, en divulguant ce dont ils ont connaissance, de
ruiner le crédit d'une maison rivale ; de nuire gravement,
enfin, aux autres maisons en s'entendant pour faire vis-à-vis
d'elles un usage peu impartial des pouvoirs que leur donne
leur règlement.

J'ai tenu à exposer en leur donnant toute leur force et sans
atténuer leur violence, les objections que j'ai entendu faire,
en particulier à Paris, à l'établissement de caisses de liquidation.

Il est difficile de leur opposer une fin de non recevoir absolue ; difficile aussi de les réfuter avec une complète rigueur.
Ce serait en effet se montrer exigeant, et quelque peu naïf,
que de demander à un négociant d'oublier, lorsqu'il dirige
ses affaires, les renseignements qu'il a pu avoir comme
administrateur de la Caisse ; il n'est pas matériellement impossible qu'un administrateur commette, avec ou sans mauvaises intentions, des indiscrétions fâcheuses ; et le Conseil
d'administration pourrait, en abusant de son pouvoir, d'augmenter, par mesure individuelle, le déposit original, rendre

les affaires singulièrement difficiles pour une ou plusieurs maisons.

On ne peut qu'indiquer les moyens qui se présentent le plus naturellement à l'esprit pour atténuer, sans les supprimer, ces différents dangers.

Les indiscrétions seront peu à craindre lorsque les opérations faites seront portées à la connaissance du plus petit nombre de personnes possible. Les bulletins seront signés par le directeur et un contrôleur ; le tableau résumant la situation de chaque maison sera communiqué tous les jours au directeur et à lui seul ; s'il y a lieu, il attire l'attention du Conseil sur la situation de telle ou telle maison, et la soumet à ses délibérations. On est forcé cependant de reconnaître, cela est évident, le droit pour le Conseil — mais non pour chaque administrateur séparément — de demander communication de tels documents qu'il juge nécessaires. Et l'administrateur de semaine, délégué par le Conseil, a les mêmes droits.

On pourrait nuire à une maison en élevant pour elle, sans raison, le déposit original ; mais il faut noter que cette mesure n'a d'effet que pour l'avenir, les opérations à faire ; on ne peut faire un nouvel appel de fonds à raison d'affaires déjà enregistrées (le règlement de la Caisse de Paris le permet cependant en un cas spécial, art. 26). Dans cette mesure, le tort fait ne peut être aussi grand qu'on le représente.

Quant au choix des administrateurs eux-mêmes, dans l'intérêt de la bonne gestion de la Caisse, il faut qu'ils soient le plus possible au courant des affaires de la place ; pour qu'ils ne puissent abuser des renseignements recueillis, il conviendrait qu'ils ne fussent pas négociateurs à terme, ou tout au moins pas des plus importants ; il n'est pas défendu de croire que ces deux conditions se contredisent quelque peu l'une l'autre, et qu'on n'arrive guère à se représenter le parfait administrateur que comme un type abstrait.

Il y a bien une solution possible, radicale, mais efficace ; elle consisterait dans l'adoption du principe de la publicité des affaires à terme ; publicité complète, avec les noms des vendeurs et acheteurs, les quantités, les mois vendus. Ce serait le régime du renseignement égal pour tout le monde, de la surveillance par le public des opérations de chaque maison. Plus d'indiscrétion possible ; et les spéculateurs honteux sont bannis du marché. Le secret auquel on renoncerait ainsi n'est, du reste, dit-on, qu'une apparence ; les courtiers savent mal résister à l'insistance de leurs clients ; les opérations finissent par être connues, et le secret permet d'en exagérer l'importance ; il favorise de plus la propagation des bruits de bourse et les manœuvres de toute sorte.

Je ne vois pas très bien, pour ma part, ce qu'on peut opposer à ces considérations ; sinon, peut-être, la force de l'habitude ; mais je dois constater que, bien que présentées avec beaucoup de force, elles ne semblent pas avoir eu grand succès ; le commerce tient, sans se faire de grandes illusions sur sa portée réelle, au principe du secret des opérations de bourse.

Le plus sage est donc de m'en tenir aux principes peu contestables que j'ai énoncés sur le choix des administrateurs, en y ajoutant toutefois une observation. Lorsqu'on fonde une caisse de liquidation, comme on souhaite naturellement qu'elle serve d'intermédiaire ordinaire et pour ainsi dire obligé à la plupart des opérations faites, il sera prudent, lorsqu'on pourra le faire, d'avoir comme actionnaires la plupart des négociants de la place ; moins encore pour les intéresser au succès de l'affaire que pour leur donner un droit de contrôle sur son fonctionnement, un droit de vote pour la nomination des administrateurs. La Caisse de liquidation, qui serait la propriété et l'instrument d'une coterie, d'un syndicat, ne pourrait réussir.

VII. — En regard des inconvénients possibles qui peuvent résulter d'abus commis par les administrateurs, il ne sera pas sans utilité de résumer les avantages certains et palpables qui résultent de l'existence des Caisses de liquidation.

Si j'ai réussi à démontrer l'impossibilité de pertes sérieuses à éprouver par la Caisse, la sécurité conférée par son engagement doit être considérée comme absolue, puisque son capital est de plusieurs millions de francs. D'où la possibilité d'opérer sur de grandes quantités, même pour des gains proportionnellement faibles, une hardiesse, un essor nouveau donné au commerce.

Un achat et une vente d'une même quantité, sur un même mois, par un même contractant se compensent toujours ; et pour faciliter la compensation, une affaire étant faite, on rédige autant de bulletins de vente et d'achat qu'on a traité de fois la quotité minimum de négociation ; si on a opéré sur 500 balles, la Caisse émet 10 bulletins d'achat et 10 bulletins de vente, de 50 balles chacun. Souvent, au contraire, sans la Caisse, on ne peut ni compenser ni même former un ring, et alors de deux choses l'une : ou bien on court jusqu'à la livraison les chances de l'insolvabilité des autres parties, ou bien on doit immobiliser deux déposits, et, d'un côté, des marges, jusqu'à l'expiration de la même période. A peine le second contrat passé, on peut, au contraire, avec la Caisse, toucher déposit et marges, avec addition ou sous déduction de la différence qui ressort de l'opération : d'où la possibilité de faire plus d'affaires, avec les mêmes capitaux, que dans le seul système qui donne une sécurité à peu près égale.

La Caisse de liquidation peut seule, sur une place où les négociants ne sont pas constitués en corporation, n'ont pas d'autorité commune, introduire l'usage des versements anticipés, garantissant l'exécution des marchés, usage qui sert à éliminer les spéculateurs de mauvaise foi, ceux qui invoquaient volontiers l'exception de jeu et qui voudraient s'engager au delà de leurs moyens.

L'existence d'une Caisse de liquidation sur une place attire enfin, tant que cette institution ne s'est pas généralisée, les ordres de l'étranger ; de là une augmentation du mouvement d'affaires et des bénéfices considérables pour les intermédiaires, et cela non seulement pour les affaires à terme, mais aussi pour le livrable ou le disponible.

VIII. — La première Caisse de liquidation, fondée en 1882 au Havre, au capital de 2 millions, porté plus tard à 4 millions, a brillamment réussi ; au bout de peu de temps, presque toutes les affaires à terme se sont faites par elle, et leur importance a doublé pour le coton, triplé pour le café ; les commissions de l'étranger sont devenues très importantes ; les bénéfices de la Caisse ont été considérables.

Depuis, des Caisses se sont fondées à Anvers et Hambourg, et fonctionnent avec une grande activité ; on vient d'en fonder une à Rotterdam et une à Londres, cette dernière au capital de 500,000 livres. La question est à l'étude à Bordeaux et à Marseille.

Enfin, deux institutions existent à Paris depuis l'année dernière.

La *Caisse de liquidation* est une société anonyme au capital de 4 millions. Ses règlements sont calqués sur ceux de la Caisse du Havre.

La *Caisse de garantie* n'est pas, ce qui constitue une différence importante, une institution distincte, mais un comptoir, un service spécial installé par une société financière, la Banque commerciale et industrielle. Elle n'a donc ni un capital, ni un conseil d'administration distinct de celui de cette banque, et la sécurité offerte par son engagement dépend non seulement de la manière dont la Caisse est dirigée, mais aussi des opérations faites par l'établissement principal. Ses règlements sont très analogues à ceux de la Caisse de liquidation.

Sous ces deux formes différentes, l'institution ne semble pas jusqu'à maintenant avoir réussi aussi bien à Paris qu'ailleurs. La raison doit en être un peu dans les critiques que j'ai mentionnées et beaucoup dans la force de l'habitude et dans une très vive répugnance de la part de beaucoup de maisons à n'opérer que selon leurs moyens.

IX. — Il me reste à entrer dans certains détails, à donner une idée de la manière dont le fonctionnement de la Caisse se plie à certaines situations particulières.

Constatons d'abord que la Caisse ne doit faire crédit à personne, pour ne courir aucun risque et rester impartiale.

Dans la pratique, chaque négociant et courtier aura son compte à la Caisse, qui lui tiendra compte d'un certain intérêt; un appel de fonds sera fait dès que les déposits et marges dus dépasseront ce compte.

Une situation délicate peut se présenter souvent. Une maison opère à terme sur plusieurs marchandises, le coton et le café, par exemple. En vertu d'affaires non closes, elle se trouve en perte sur le coton, en bénéfice sur le café. Pourra-t-elle obtenir qu'on tienne compte de sa situation avantageuse sur un article pour atténuer en sa faveur l'obligation au paiement des marges sur l'autre article?

Pour prendre un exemple précis, elle a vendu du coton à 68, le cours actuel est 60; elle a acheté du café à 80 et le cours actuel est 70. Il peut lui paraître dur de payer intégralement les marges de 10 fr. sur le café, malgré son bénéfice apparent sur le coton.

Quoi qu'il en soit, la Caisse du Havre les exige rigoureusement. Peut-être certaines concessions pourraient-elles être faites sans imprudence, mais on ne pourrait, en aucun cas, aller jusqu'à tenir compte intégralement des bénéfices sur affaires non liquidées, et tout changement en ce sens compliquerait les comptes, rendrait plus difficile la surveillance.

Une maison se trouve vendeur et acheteur d'une même quantité sur deux mois différents. La Caisse consentira à ne demander qu'un dépôt original. La différence de prix devra, si elle présente une perte, être nivelée par des marges. L'un des deux contrats liquidé, le dépôt reste affecté au contrat qui reste ouvert, et les marges sont rétablies sur le cours du jour.

Une vente et un achat sur le même mois se sont compensés; le contractant, qui ne désire pas une liquidation immédiate, pourra obtenir de la Caisse la restitution du dépôt, la différence des prix, s'il en résulte une perte, étant suffisamment couverte par les marges.

La Caisse, en accordant ces facilités, se réserve le droit d'appliquer strictement le règlement.

L'enregistrement des marchés à prime et à faculté présente aussi des particularités qui dérivent de la nature même de ces marchés.

Pour un marché à prime simple, le payeur de prime n'est tenu que du versement de cette prime sans escompte. Le receveur doit dépôt et marges dans les termes ordinaires.

Le payeur de double prime en doit le versement sans escompte. Le receveur doit le dépôt et les marges soit en hausse, soit en baisse.

Le preneur de faculté doit verser, à l'origine, le dépôt sur la quantité simple et les marges nécessaires pour ramener le prix au cours du jour; plus, s'il y a lieu, dans la suite, des marges supplémentaires. Le donneur de faculté doit dépôt et marges sur le maximum de la quantité livrable ou exigible.

La déclaration d'option faite, la prime simple ou double est portée au crédit du receveur de la prime, sous déduction de l'escompte, qui revient au payeur de la prime. Les contrats fermes sont remis, s'il y a lieu, au courtier, ils suivent, dès lors, la marche ordinaire des affaires à terme et sont liquidés comme elles. Le preneur de faculté ne peut faire accepter sa déclaration *d'usage de faculté* qu'après versement, pour la quantité supplémentaire, du déposit original.

CHAPITRE VIII·

LIQUIDATION SUR LIVRAISON — FILIÈRES

A. Généralité.

I. — Les règles essentielles de la livraison sont à peu près
les mêmes, lorsqu'il s'agit de marchés à terme, qu'à propos
des ventes de marchandise livrable ou disponible. Les usages
déterminent la date extrême que le vendeur peut attendre
pour prier son acheteur de prendre livraison ; le paiement
est dû comptant. L'arbitrage, qui, dans les autres ventes,
n'est qu'accidentel, n'intervient en général qu'au cas de
mauvaise ressortie de la marchandise, sera le fait ordinaire,
normal dans tous les marchés à terme où la marchandise
est arbitrable au-dessus et au-dessous d'un type déterminé,
avec une limite.

Mais le plus souvent, le premier acheteur ayant revendu
avant le terme, il y a à tenir compte d'un fait important : la
livraison a lieu par *filière*.

A a vendu à B, B à C, C à D. Va-t-on procéder à trois livraisons, trois pesages, trois transports de la marchandise ?
D demandant livraison à C, C lui remettra un ordre de livrai-

son sur B, son propre vendeur, B un ordre sur A. Ou bien, A émettant un avis, une offre de livraison, elle sera transmise par B à C, par C. à D. Dans les deux cas, la marchandise passera directement des mains de A à celles de D. La feuille sur laquelle auront été formulés les ordres successifs adressés de vendeur à acheteur, ou d'acheteur à vendeur est la filière.

Le principe de la filière a été trouvé, en réalité, le jour où, pour la première fois, un acheteur a eu l'idée, ayant revendu avant la livraison, de prier son vendeur de livrer directement à son propre acheteur.

Mais la filière elle-même n'est probablement entrée qu'assez récemment dans la pratique commerciale, et n'existe à l'état d'usage que pour les marchés à terme ; dans les ventes en disponible et même dans les ventes maritimes, la revente avant la livraison est l'exception.

Lorsque je dis que la livraison par filière est consacrée par les usages, j'entends dire par là que l'acheteur à terme ne peut se refuser aujourd'hui à recevoir livraison des mains, non de son propre vendeur, mais du créateur d'une filière régulièrement transmise et dont son propre vendeur est le dernier endosseur.

II. — Il n'en a pas toujours été ainsi, et le recueil déjà ancien de la jurisprudence de Marseille, nous permet de suivre la filière dans les transformations successives qu'elle a subies sur cette place.

C'est dans un jugement du 28 février 1825 (J. M., 1825, I, 33) que je vois intervenir pour la première fois la filière.

Il s'agit d'une vente d'huile : le jour même convenu pour la livraison, le dernier vendeur remet à son acheteur un ordre de livraison adressé à son propre vendeur et ainsi conçu :

« Je prie MM. Fiertz et Cie de livrer à M. Prat, 32 hectol.
» d'huile d'œillette qu'ils ont à me livrer pour fin courant.
» *Signé :* CANAPLE. »

Fiertz remet à Prat un ordre sur un autre négociant de la place. Et les ordres se succèdent, remontant la chaîne des vendeurs, du dernier au premier, jusqu'à former, joints les uns aux autres, une bandelette de quatre mètres de longueur, nous dit l'arrêtiste et avec une confusion telle qu'on ne peut arriver à savoir quel est le délivrataire désigné.

S'étant adressé en vain à quelques-uns des donneurs d'ordres, le dernier acheteur finit par assigner son propre vendeur.

Le jugement, qui accorde la résiliation avec dommages-intérêts, constate l'habitude prise en ces termes curieux :

« ...Si, dans le principe, les égards qu'on se doit entre commerçants ont introduit l'usage de recevoir, de la part du vendeur, des ordres de livraison, cet usage a ensuite dégé-néré en un abus qui dans l'intérêt de la dignité du commerce doit être réprimé... »

Dans un jugement du 6 mai 1839 (J. M., 1840, I, 18), se-conde forme de la filière, le premier acheteur délivre un ordre sur le premier vendeur, qui est transmis par voie d'endossement aux acheteurs successifs.

La filière semble avoir pris droit de cité, le jugement constate que l'usage est de l'employer dans les ventes de blés.

Il semble pourtant qu'on soit libre, sauf convention con-traire, de la refuser : la dernière décision en ce sens est de 1858 (J. M., 1844, I, 100; 1858, 26 mars). L'usage est ensuite définitivement établi (1861, I, 298).

Dès 1845, on recourt aux services d'un liquidateur (1845, I, 45).

Si sur les autres places on pouvait remonter aussi haut et

9

suivre avec autant de facilité la filière depuis sa naissance, on retrouverait sans doute des transformations analogues.

Elle semble être née à Paris dans le commerce des huiles, et, aussi loin que peuvent remonter les souvenirs des plus anciens négociants de la place, elle y constituait un mode de livraison obligatoire, il est donc peu probable qu'elle ait été empruntée, comme on le dit à l'ordinaire, par le commerce de Paris aux usages de Marseille.

Son emploi semble être aussi fort ancien au Havre.

Enfin, sur toutes les places françaises et étrangères importantes, et pour toutes les marchandises qui y sont l'objet d'un véritable mouvement d'affaires à terme, on peut dire que la filière est le mode de livraison régulier et normal.

III. — Une question générale se pose : jusqu'à quel point l'emploi de la filière, et les différents procédés de liquidation qui l'accompagnent dans l'usage, modifient-ils les rapports réciproques des différents membres de la filière, tels qu'ils résultaient des ventes successives auxquelles chacun d'entre eux avait participé ?

Il s'agit, on le voit, de décider jusqu'à quel point la forme peut réagir sur le fond, et il est nécessaire de donner une idée des circonstances de fait, très nombreuses, auxquelles on peut être tenté, à tort ou à raison, d'attribuer une pareille portée.

1° *Emission de la filière elle-même.*

a) A l'origine, à Marseille, le dernier vendeur, sur une demande de livraison, remet à son acheteur un ordre sur son propre vendeur, et ainsi de suite jusqu'à ce qu'on arrive à un vendeur originaire : la filière est composée de la juxtaposition de ces différents ordres, elle part du dernier acheteur pour remonter jusqu'au vendeur originaire (J. M., 1825, I, 33).

b) Plus tard, une forme plus compliquée, le premier vendeur envoie à son acheteur une *lettre de prévention* pour l'avertir qu'il va livrer : cette lettre passe de mains en mains jusqu'au dernier acheteur, le *réceptionnaire*.

Ensuite a lieu l'émission d'ordres de livraison, donné, le premier, par le premier acheteur sur le premier vendeur au bénéfice du second acheteur et ainsi de suite (J. M., 1845, I, 45). Ces ordres collés les uns aux autres forment la filière.

Ces deux formes sont hors d'usage.

c) La troisième est en somme une simplification de la seconde.

Pas de lettres de prévention : l'ordre de livraison délivré par le premier acheteur est transmis par voie d'endossements successifs au réceptionnaire (J. M., N° 83, table 1870-80).

d) Une dernière forme est universellement employée à l'heure actuelle.

La filière est un avis de livraison émis par le vendeur originaire et transmis par voie d'endossements successifs au réceptionnaire.

2° *Forme de la filière émise par le vendeur.*

La filière est toujours, comme je viens de le dire, un avis de livraison, elle peut n'être que cela.

a) Il en sera souvent ainsi.

Le vendeur qui émet la filière désire, et les usages de la place le lui permettent, le lui imposent même quelquefois, ne spécialiser la marchandise que lorsque la circulation de la filière sera terminée.

Il peut y avoir intérêt, s'il ne s'est pas encore procuré le coton à livrer.

Puis, il est peut-être vendeur et acheteur en même temps, la fin du délai fixée pour l'émission des filières approche, et il n'a pas reçu de filière de son vendeur. Il émet alors une *filière tournante*. Ou bien elle finit par lui être endossée par son propre vendeur et alors la livraison est toute faite, puisqu'il se trouve être à la fois livreur et réceptionnaire [1], ou bien il n'en sera pas ainsi, mais il recevra, à moins que son vendeur ne manque à remplir ses engagements, une autre filière, il la conserve pour la remettre au réceptionnaire de sa propre filière ; il se fait pour ainsi dire une soudure entre les deux filières ; le vendeur qui a émis cette nouvelle filière devra livrer au réceptionnaire de la filière tournante.

Lorsque la filière émise sans spécialiser la marchandise n'est pas une filière tournante, le premier vendeur, sur présentation de la filière, doit la livraison au réceptionnaire.

A New-York un ordre de livraison est remis la veille du jour indiqué par la filière elle-même pour la livraison.

A Paris, pour les huiles, cette forme de filière étant également adoptée, le vendeur a, pour délivrer le bon de marchandise, dix jours à dater de l'émission de la filière, sans que ce délai puisse dépasser la fin du mois.

b) En même temps qu'un avis de livraison la filière peut être un ordre de livraison, créé sur le détenteur de la marchandise. Cet ordre spécialise la marchandise.

Certains règlements, par exemple ceux des farines et des sucres à Paris, exigent en ce cas que la filière, pour circuler, soit visée par les Magasins-Généraux détenteurs, qui certifient la présence de la marchandise à l'entrepôt sous son numéro d'entrée ; de plus, pour les farines, elle constate qu'expertise a été faite, s'il y a lieu, et, en tous cas, que l'estampille a été donnée par la Commission.

3° *Circulation de la filière.*

a) La filière peut être transmise, et c'est le mode original, par chaque vendeur à son acheteur, sans l'intervention de qui que ce soit.

---

1. En ce cas, un *ring* aurait pu être formé : mais les parties ont pu l'ignorer ; la pratique des rings n'est pas admise partout : en Angleterre où on l'admet, elle n'est pas obligatoire.

b) Le créateur de la filière peut aussi se charger de la faire circuler, et recueillir les endossements.

c) Enfin, cette mission est souvent confiée, toujours même pour certaines marchandises, à Paris et à Marseille, à des liquidateurs de filières.

4º *Paiement des factures*.

a) Le prix de chaque vente peut être réglé intégralement par chaque acheteur à chaque vendeur.

b) Il peut y avoir règlement sur un cours donné, analogue au cours de compensation employé pour le règlement des rings ; la facture à régler par le réceptionnaire au livreur, et les différences à payer entre membres de la filière, étant établies d'après ce cours.

c) Le liquidateur procède à l'échange des factures, encaissant et payant les différences, et touchant du réceptionnaire le montant intégral de la dernière facture. Il peut, suivant les usages, régler instantanément les bénéfices, ou remettre seulement un bon sur sa caisse, payable une fois la livraison terminée.

Lorsqu'il s'agit de déterminer les effets de la filière, les différents procédés d'émission semblent assez indifférents ; un seul semble du reste être réellement en usage. On ne peut non plus attacher une grande importance à la manière dont la filière circule. Il n'en est pas de même des deux autres points : le fait, que la marchandise est spécialisée, quelques-uns disent *représentée* par la filière, et les divers modes de règlements adoptés, ont servi de base à plusieurs systèmes différents.

A l'interprétation de ces circonstances de fait se combinait celle des règlements et des modèles de marchés : et certains usages de place, qui forment autant de conventions tacites, fournissaient un troisième élément à la jurisprudence.

On comprend dès lors qu'il soit difficile de s'élever au-dessus de la discussion des décisions d'espèces, dans cette matière, pour construire une théorie suffisamment détaillée, et également applicable sur des places différentes, sous l'empire d'usages et de règlements divers.

IV. — Il vaut mieux se contenter de déterminer tout d'abord les effets nécessaires, indiscutables qu'entraîne l'emploi de la filière, et examiner ensuite sur chaque place et en tenant compte des usages, des règlements divers, si elle en a de plus étendus.

1° Le réceptionnaire d'une filière se trouve forcé de recevoir la livraison d'un autre que son vendeur. Suivant que l'usage impose ou non (il l'impose à peu près partout, en fait), l'acceptation de la filière à tout acheteur à terme, ce premier effet découle du fait même d'acheter à terme, ou seulement de l'acceptation volontaire de la filière.

2° Les écarts de poids, de qualité sont réglés directement entre le livreur et le réceptionnaire, sans que les membres intermédiaires de la filière aient à en tenir compte entre eux ou dans leurs règlements avec le livreur et le réceptionnaire.

Cette règle, établie pour simplifier la liquidation, est, à ce que je crois, universellement admise à l'heure qu'il est.

Hors de là, je crois toute généralisation imprudente.

Et dans la suite, je ne renoncerai à appliquer les principes du droit commun qu'à bon escient, lorsque l'intention conforme des parties résultera clairement de leurs conventions expresses ou tacites.

Les règlements de place ont la valeur de conventions expresses lorsque les parties s'y sont référées ; en tout autre cas ils peuvent valoir à titre d'usages, de conventions tacites.

A Marseille et au Havre, comme à Paris, on a prétendu quelquefois que de la circulation de la filière résultait une novation, et des controverses se sont élevées sur le rôle du liquidateur de filières. Mais la jurisprudence y est restée très ferme ; je me contenterai de constater sa tendance, et de noter ses principaux arguments, ajournant la discussion pour éviter des redites jusqu'au moment où je m'occuperai de la jurisprudence de Paris, par laquelle ou devant laquelle un grand nombre de théories diverses ont été produites.

B. Règlement de New-York.

Les règlements de New-York pour les cafés et les cotons, de la Nouvelle-Orléans pour les cotons, sont identiques sur ce point.

I. — La filière (*transferable notice*) doit être remise cinq jours avant celui qui est fixé pour la livraison, avant dix heures du matin. Chaque transfert doit être fait dans les vingt minutes.

La filière ne spécialise pas la marchandise, comme il résulte de la formule employée.

« New-York, 22 avril 1888, 9 heures et demie.

» A. C. et Cie :

» Prenez note que le 27 avril 1888 nous vous ferons livrai-
» son de 45.000 livres, en 100 balles de coton, environ,
» suivant les termes de notre contrat de vente daté du
» 15 février, à 9 cents 5/8 la livre. Nous nous engageons à
» délivrer l'ordre de livraison au dernier détenteur de cet
» avis sur présentation de ce même avis entre onze heures
» et midi le 26 avril 1888, veille de la livraison. Ce coton
» sera reçu et détenu par lui en qualité de dépositaire pour
» notre compte, assuré pour le compte de qui il appartiendra,
» et sujet à notre ordre jusqu'à ce que nous soyons payés à
» raison de 9 cents 3/8 la livre.

» *Signé* : F. G. et Cie. »

Suivent des conditions imprimées, dont je reproduis un passage :

« Le dernier accepteur de la filière règlera avec le livreur sur la base de Middling, avec arbitrage au-dessus et au-dessous, d'après les cours de l'après-midi, cinq jours avant la délivrance de l'ordre de livraison. Il est de plus convenu que chaque accepteur de la filière restera responsable vis-à-vis de ceux avec qui il a traité jusqu'au moment où cet avis sera revenu au livreur, et où un ordre de livraison spécifiant la marchandise aura été délivré par lui au dernier accepteur ; à ce moment, toute responsabilité cessera pour les membres intermédiaires de la filière. »

— L'endossement se fait en la forme suivante :

« New-York, 22 avril 1888, 10 heures.

» Messieurs S. S. et Cie.

» Nous acceptons l'avis ci-dessus avec toutes ses condi-
» tions, et vous prions de prendre note que suivant cet avis
» nous vous livrerons 45,000 livres de coton, en 100 balles
» environ, suivant les termes de notre contrat de vente du
» 25 janvier 1888. Le coton devra être payé au prix de la
» filière.

» *Signé* : C. ET Cie. »

II. — Le prix indiqué sur la filière n'est pas celui du contrat passé entre le livreur et le premier endosseur, mais bien une sorte de cours de compensation. Tous les soirs, on fixe le cours auquel les filières seront émises le lendemain. Les différences dues par les divers membres les uns aux autres sont déterminées par rapport à ce cours de compensation, et réglées comme je l'ai dit en m'occupant des rings.

Mais la filière transmise et les différences payées, le règlement, nous venons de le voir, prend soin de maintenir la responsabilité des diverses parties à l'égard les unes des autres.

Le paiement des différences a simplement eu pour effet de niveler les différents prix. Tous les membres de la filière restent vendeurs et acheteurs à un prix égal, et responsables comme tels de la livraison.

Si le dernier accepteur ne se présente pas dans les délais voulus, toutes les ventes sont résiliées, et tous les vendeurs ont droit vis-à-vis de leurs acheteurs à un règlement calculé sur le cours du jour indiqué pour la livraison avec une pénalité d'un quart de cent par livre en leur faveur.

Les relations existant entre les différentes parties n'ont donc pas été modifiées ; le livreur ne connaît que son acheteur ; sans quoi, il serait évidemment plus simple que cette différence fût réglée directement entre le livreur et le dernier accepteur de l'ordre.

Lorsque le livreur sera au contraire en défaut et n'aura pas, sur la présentation de la filière, délivré l'ordre de livraison, il y aura résiliation avec pénalité en faveur des acheteurs.

III. — L'ordre de livraison délivré, la situation change ; cet ordre spécifie la marchandise et est certifié par le magasin détenteur ; sa délivrance libère de toute responsabilité les parties intermédiaires.

Elle crée en même temps un lien de droit entre le livreur et le réceptionnaire ; ce dernier, comme jadis — rapprochement inattendu — l'acheteur en droit romain, ne devient propriétaire qu'après le paiement du prix ; jusque-là il est constitué possesseur pour le compte du vendeur, avec la responsabilité qui dérive de la qualité de *custodian*, suivant l'expression anglaise.

Le prix sera payé par le réceptionnaire au livreur le lendemain de la livraison, la marchandise ayant été pesée, échantillonnée, toutes ces opérations sont faites par les employés de deux membres du Cotton Exchange agissant comme courtiers pour le compte des parties principales, et qui prennent livraison en cette qualité ; ils fixent d'un commun accord les bonifications à accorder à l'une ou l'autre partie.

Le livreur peut aussi exiger le paiement comptant, le coton une fois pesé et échantillonné lorsqu'il en est ainsi, la livraison est considérée comme se faisant en une seule fois, et la marchandise reste aux risques du livreur jusqu'au moment où toutes les opérations sont terminées.

Lorsque, au contraire, le paiement est ajourné au lendemain, les risques de la marchandise passent sur la tête du receveur pour chaque balle, aussitôt le pesage terminé.

Toutes ces dispositions, et beaucoup d'autres moins importantes, résultent des termes expresses des Règlements.

C. **Usages et Règlements du Havre.**

I. — Les procédés de liquidation des filières au Havre ont été pendant longtemps très variables.

Le principe clairement constaté par tous les jugements est que les contrats restent distincts les uns des autres ; on ne connaît que ceux avec qui on a traité.

Mais comment aura lieu le paiement ?

Le livreur exige une certaine somme pour se dessaisir de la marchandise ; cette somme est, dans les usages, inférieure à son prix définitif, tel qu'il doit probablement résulter de la pesée faite.

Quelquefois le receveur de la marchandise remet cette somme à son vendeur, lequel la transmet au sien et ainsi de suite jusqu'au livreur. Il y a là pour chaque vendeur un paiement à valoir sur la facture qui sera établie une fois la livraison faite (J. H., 1870, I, 186).

Le réceptionnaire peut aussi, s'adressant à tous les membres de la filière, leur demander, suivant leurs prix d'achat, quelle somme il peut verser au livreur ; la plus petite somme indiquée, versée avec leur autorisation au livreur, étant ensuite considérée comme ayant passé par leurs mains à tous, comme dans le cas précédent (1871, I, 48).

Je trouve enfin indiquée comme usuelle dans un jugement une modification du premier procédé ; la remise faite par le receveur à son vendeur est transmise par lui à son propre vendeur, augmentée ou diminuée en raison de son prix d'achat différent, et ainsi de suite (1875, I, 53).

Dans ces trois cas, les factures définitives une fois dressées, chaque vente donne lieu au paiement d'un appoint.

Les deux derniers procédés indiqués ont, à la différence du premier, cet avantage que le receveur ni les membres de la filière ne se mettent à découvert ; le troisième permet de remettre au livreur le montant très approximatif de son prix.

Tout ceci suppose qu'à l'époque dont je parle on n'avait pas encore admis cette règle, que les prix se règlent pour tous les membres intermédiaires, sans tenir compte de la différence de poids et de l'arbitrage ; sans quoi, il est évident que, pour eux, les factures définitives pourraient être immédiatement dressées.

La circulation de la filière n'avait à ce point de vue qu'un moindre effet ; les réfactions arbitrées et le poids arrêté entre le livreur et le receveur, servaient à l'établissement de toutes les factures.

Le receveur qui, sans autorisation, fait directement au livreur des versements, se trouve sans recours, excepté vis-à-vis du livreur lui-même pour ce qui dépasse son prix définitif ; il reste entièrement responsable vis-à-vis de son propre vendeur (1875, I, 53).

Jusqu'ici rien que d'acceptable. Mais le même jugement, après avoir posé en principe que chaque acheteur ne connaît que son vendeur direct, décide, par une contradiction flagrante, que les membres intermédiaires de la filière peuvent demander au receveur des dommages-intérêts, à raison non pas de versements imprudents qui ne leur sont pas opposables, mais de ce qu'il n'a pas employé de troisième procédé de règlement que je viens de décrire. S'il avait agi autrement, la remise faite par lui aurait été transmise du dernier vendeur jusqu'au livreur, diminuée ou augmentée d'une certaine somme par chaque membre intermédiaire, suivant l'écart qui existe entre ses prix d'achat et de vente. Le 3ᵉ membre C de la filière, qui comprend cinq noms, se trouve privé de la perception d'une différence ; son vendeur B devient ensuite insolvable, le jugement condamne le receveur E à indemniser C (1875, I, 53).

Ayant constaté dans trois jugements, à des dates très rapprochées, trois modes de procéder différents, j'ai peine à croire que le troisième ait pu être considéré comme imposé par l'usage en 1874. Et quand il l'aurait été, d'après les principes mêmes que toutes les décisions du Havre, y compris celle dont je m'occupe, représentent comme indiscutables, C n'aurait pu s'adresser, pour se faire indemniser, qu'à son acheteur et non au receveur de la filière qui lui est étranger.

II. — Le règlement des marchés à terme, tel qu'il a été adopté par l'Assemblée du commerce en 1883 et qu'il est reproduit sur les formules de marchés employées, consacre pour les cotons un système très simple, analogue à celui de New-York.

Le poids sera de 10,000 kil. nets au moins, sans pouvoir dépasser 10,300. On considère la livraison comme complète dès qu'un nombre quelconque de balles a produit 10,000 kilogrammes.

La filière doit être mise en circulation 48 heures au moins avant le moment indiqué pour la livraison.

Elle porte l'indication de la somme à verser par le receveur pour obtenir livraison ; cette somme représente le prix de 10,000 kil. nets au cours du jour.

Les endosseurs portent en règlement, en établissant leurs factures sur le poids de 10,000 kil. nets, cette même somme, ce qui revient à dire qu'ils règlent sur cette base comme dans le cas d'un ring ou d'une filière à New-York.

A, par exemple, qui a acheté à B à 60, vendu à C à 64, règlera avec B et C comme s'il avait remis à B et reçu de C 66, le cours actuel. Il recevra donc 6 de B, paiera 2 à C ; la différence représente bien son bénéfice, qui est de 4 par unité cotée.

Le receveur aura versé cette même somme indiquée sur la filière ; de l'excédent de poids, et de l'arbitrage, résultera, vis-à-vis du livreur, un appoint à payer, ou une différence à toucher.

Le même système s'applique aux autres marchandises.

La Caisse de liquidation intervenant, le mode de règlement est encore simplifié. Lorsqu'on s'est toujours servi de son intermédiaire, on voit, comme sur une filière que j'ai entre les mains, son timbre alterner régulièrement avec ceux des diverses maisons de la place. Étant vendeur et acheteur vis-à-vis de chacune des parties, elle débite ou crédite leurs comptes de la différence qui résulte de l'opération.

Les jugements, les règlements considèrent également la filière comme le seul mode de livraison possible. Comme sur les autres places, il y a là un usage, qui force le vendeur qui veut livrer à émettre une filière et oblige les acheteurs successifs à l'accepter.

Le mode actuel de règlement modifie singulièrement les obligations des diverses parties les unes vis-à-vis des autres ; mais toutes y ont consenti en adoptant un modèle de marché qui le consacre ; son application ne peut soulever aucune difficulté.

Il a dû reste cet avantage, tout en modifiant les relations qui existent entre les membres intermédiaires de la filière, de ne pas en créer de nouvelles ; chacun d'eux ne connaît que son vendeur et son acheteur.

Il n'en est pas de même du receveur, qui doit payer au livreur de la marchandise ; mais si l'on a adopté la méthode du paiement direct pour plus de simplicité, les effets en sont les mêmes que si la remise avait passé, en remontant la filière, par les mains de tous ses membres, puisque chaque vendeur la porte en règlement comme s'il l'avait reçue.

Les arbitrages sont faits par trois courtiers de semaine, désignés au moyen d'un roulement régulier. Un contre-arbitrage peut être demandé.

Pour le règlement définitif entre le receveur et le livreur, on calcule le prix, valeur au jour de la fin de l'arbitrage, la livraison n'étant réellement terminée qu'alors.

Les actions des différents membres de la filière les uns contre les autres sont toutes des actions principales et non des actions en garantie. Et l'action d'un des vendeurs en paiement de son prix ne peut être jointe aux actions des vendeurs subséquents contre leurs acheteurs, lorsque ces dernières ne sont pas en état de recevoir jugement (J. H., 1870, I, 223).

D. **Usages de Marseille.**

Le principe général, consacré par la jurisprudence de Marseille, est énoncé ainsi dans plusieurs décisions : *les différents membres de la filière n'ont aucun droit d'action vis-à-vis de ceux des autres membres auxquels ils n'ont ni acheté, ni vendu, ni livré.*

I. — *Rapports du livreur et du réceptionnaire.*
C'est donc du fait de la livraison, et de ce fait seul, que

dérive l'*action directe du livreur contre le réceptionnaire*. Une décision de Marseille la lui a accordée dès avant la livraison, et en vertu du seul fait de la circulation de la filière (J. M., 1840, I, 18). Mais la tendance générale de la jurisprudence est bien celle que j'indique ; et l'on ne saurait s'étonner de trouver, dans une période de plus de soixante ans, et pour une juridiction dont les éléments sont très variables, quelques décisions peu en accord avec cette tendance.

Le livreur a le droit d'exiger paiement avant de se dessaisir de la marchandise (J. M., 1876, I, 64-34) ; il consent cependant à en faire livraison, il est naturel de supposer qu'il se réserve le droit de réclamer paiement du réceptionnaire, et que le réceptionnaire, de son côté, s'engage envers lui au paiement du prix.

Et quel prix ? Celui du marché passé par le livreur ou le prix d'achat du réceptionnaire ? Le moins élevé des deux ; on comprend très bien, en effet, que le réceptionnaire ne puisse être supposé, au cas où le livreur aurait vendu plus cher qu'il n'a acheté, s'être tacitement engagé à payer plus que son prix d'achat.

Le droit du livreur, ainsi entendu, a été sanctionné par un très grand nombre de décisions, dont une de la Chambre des Requêtes (J. M., 1858, I, 153 ; Cass., 30 janvier 1865 ; 1865, II, 106, etc.)

Il en résulte que le receveur qui aura cru pouvoir payer son prix à son vendeur direct pourra se le voir réclamer à nouveau. Il en sera du moins ainsi, tant qu'on se trouvera encore dans le délai de dix jours qu'il est d'usage d'accorder à l'acheteur au comptant sur la place de Marseille. Mais si le livreur entre en règlement avec son propre acheteur, au su et au vu du receveur, ou s'il laisse expirer ce délai de dix jours sans lui réclamer paiement, le receveur sera autorisé à payer son propre vendeur, croyant que le livreur est désintéressé (J. M., 1876, I, 49, 81 ; 1885, I, 92 ; 1883, I, 14).

L'obligation du receveur existe du reste, bien qu'il existe une cause de compensation entre lui et son vendeur ; la convention tacite qu'on suppose n'en est pas pour cela invraisemblable, et le livreur a pu compter sur son droit d'action (1861, I, 7).

Et lorsque, le receveur faisant défaut, le dernier acheteur a requis la mise aux enchères de la marchandise, l'adjudicataire qui prend livraison est tenu dans les mêmes termes ; il est devenu réceptionnaire (1865, II, 106).

II. — *Rapports du livreur et de son acheteur.*

Le premier acheteur reste tenu vis-à-vis du livreur du paiement du prix, mais tout autant, évidemment, que le livreur n'a pas été désintéressé par le receveur.

Il en est ainsi, par exemple, lorsque le receveur est défaillant, ne prend pas livraison ; le livreur met son acheteur en demeure de prendre livraison : s'il ne le fait pas, il peut faire vendre pour le compte de l'acheteur.

Il se peut que le receveur se présente pour prendre livraison, mais qu'il n'offre que son prix, inférieur au prix de vente du livreur. Or, celui-ci a le droit d'exiger le paiement intégral, argent comptant ; il réclamera à son acheteur la différence ; faute par celui-ci de la régler, il pourra refuser la livraison et faire vendre pour le compte de l'acheteur (J. M., 1876, I, 34).

On a quelquefois inséré dans la vente la mention : *payable avant enlèvement* ; cette clause crée à la charge du livreur une obligation : il doit, le réceptionnaire n'offrant que son prix, qui est inférieur à son prix de vente, réclamer tout de suite à son acheteur la différence. Si l'acheteur, voyant la livraison s'effectuer et croyant naturellement le livreur désintéressé, ne réclame pas au deuxième acheteur une différence dont il ne se croit pas créancier à son égard, et si ce deuxième acheteur devient insolvable, le livreur en est responsable (1876, I, 64, 86).

III. — *Situation des membres intermédiaires.*

1° *Quant au paiement du prix.*

Je viens de parler d'un simple règlement de différences entre deux membres de la filière. La jurisprudence de Marseille admet, en effet, que le prix dû au livreur ayant été payé par le réceptionnaire en tout ou en partie, il n'y a plus lieu vis-à-vis des membres intermédiaires qu'à un règlement par différences.

« Le paiement fait par le réceptionnaire au livreur a pour effet, dit un jugement, de libérer envers les vendeurs et jusqu'à due concurrence tous les acheteurs qui ont reçu et transmis la filière. »

Ceci est fort simple, lorsqu'on suppose que les prix successifs ont suivi une progression : A a vendu à 60, B à 65, C à 70 ; le receveur D paie le livreur intégralement ; B est libéré vis-à-vis de A et réclame 5 à C ; C les lui paie et réclame 10 à D. Et on comprend aisément que A ne puisse réclamer un second paiement, que B doive tenir compte, dans l'action en paiement de son prix, de la somme qu'il s'est trouvé dispenser de payer à son propre vendeur.

Mais je suppose que les différents prix aient été les suivants : A a vendu à 60, B à 75, C à 55, D à 65. E, réceptionnaire, paie au livreur A son prix, qui est de 60. Faut-il s'en tenir à la formule contenue dans le jugement de Marseille, ou la compléter en disant que chaque vendeur sera censé avoir reçu de son acheteur le prix payé par le receveur ; ce qui nous ramènerait à un système analogue à celui du Havre et de New-York, et permettrait à l'acheteur de réclamer une différence à son vendeur, lorsque le prix de vente aurait été inférieur au prix payé par le receveur ? D, dans mon exemple, pourrait réclamer 5 à son vendeur C. — Il faut, de toute nécessité, admettre cette réclamation, bien que je ne puisse citer aucune décision qui l'ait consacrée. Sans quoi, D qui a acheté à 55 et vendu à 65, et qui ne peut évidemment réclamer à E que 5, se trouverait privé d'une partie de son bénéfice.

Les décisions qui ont attaché au paiement fait par le receveur au livreur cet effet vis-à-vis des membres intermédiaires, n'ont pas eu à statuer sur cette hypothèse (1866, I, 239).

Ce système est donc en somme celui du Havre, à cette différence près que le prix versé par le receveur, et par suite la base commune pour le règlement des différences, n'est pas basée d'après le dernier cours de la marchandise, mais d'après le moins élevé de deux prix ; celui auquel le livreur a vendu, et celui auquel le receveur a acheté.

Mais le plus souvent le premier vendeur recourt à un mode de liquidation, facultatif pour lui, mais auquel les intermédiaires sont forcés de se prêter, d'après les usages de la place ; je veux parler de la *liquidation par échange de factures*.

Cette opération semble avoir été faite quelquefois par le premier vendeur lui-même (1868, I, 14) ; mais le plus souvent on a recours aux services d'un liquidateur de filières, ou filiériste, comme on dit à Marseille. Le filiériste faisait circuler les lettres de prévention lorsqu'il était d'usage d'en envoyer ; il forme la filière en recueillant en bourse les ordres écrits, ou, le plus souvent, verbaux. Puis il reçoit du premier vendeur sa facture acquittée ; il la remet au premier acheteur, recevant en échange sa facture sur le second et ainsi de suite jusqu'à ce qu'il ait entre les mains la facture du dernier vendeur sur le réceptionnaire. Dans ces divers échanges, il y a nécessairement des règlements à faire, les diverses factures portant des prix différents. Le filiériste encaisse les différences dues, et remet à ceux qui se trouvent en gain un bon sur sa caisse à toucher une fois que tout sera réglé, avec ou sans livraison; la filière peut en effet revenir au livreur, ou bien le livreur et le receveur peuvent s'entendre pour régler au cours du jour.

Ce mode de liquidation étant obligatoire, l'un des membres intermédiaires de la filière ne peut invoquer une cause de compensation, qui existe vis-à-vis de son vendeur, pour se dispenser de verser une différence, lors de l'échange des factures (1848, I, 1).

Le liquidateur revient chez le vendeur primitif et lui remet la dernière facture, ou *facture payante* ; la livraison faite, les différences qu'il a encaissées le mettent à même de payer les bons qu'il a délivrés.

La jurisprudence de Marseille a toujours compris le rôle du liquidateur de la manière suivante (J. M., 1845, I, 48, note).

« Morin devient, non simultanément, mais successivement mandataire de tous.

Le vendeur primitif donne la première facture et le mandat de la faire accepter par le premier acheteur A. Dès que celui-ci la reçoit et donne sa facture sur l'acheteur B, on comprend que le mandat reçu par Morin du vendeur primitif, a cessé puisque la première facture est admise et payée, et qu'il devient le mandataire de A pour aller retirer le montant de la facture sur B ; B, à son tour, accepte la facture de A et le paie en remettant sa facture sur C, le mandat donné par A finit, celui de B commence, et ainsi de suite. Le mandat n'est donc point simultané, mais successif, et à chaque opération, Morin, mandataire, change de mandant et n'en a jamais qu'un seul, car si le réceptionnaire à qui livraison a été faite de la marchandise ne payait pas, soit par faillite survenue ou tout autre motif, le dernier endosseur de l'ordre qui aurait désigné le réceptionnaire serait bien obligé de payer, puisque ce serait en vertu de son ordre et de son endossement que la livraison des marchandises aurait eu lieu. »

Les acheteurs successifs, bien qu'ayant en main la facture

acquittée de leur vendeur, ne sont donc libérés que condition-
nellement.

Il faut que livraison soit prise par leur acheteur ou l'un
des membres de la filière qui viennent après lui ; sans quoi,
ils sont responsables vis-à-vis de leurs vendeurs des suites
de l'inexécution.

2° *Droit d'exécution.*

Le receveur fait défaut, ne prend pas livraison ; le juge·
ment rendu entre le livreur et le premier acheteur, et qui
ordonne la revente aux enchères, réfléchit contre tous les
endosseurs subséquents (J. M., 1869, I, 137 ; 1877, I, 164 ;
1885, I, 195).

Et réciproquement, un jugement rendu au profit d'un
acheteur et l'autorisant à se remplacer, peut être opposé par
tous les acheteurs précédents à leurs vendeurs respectifs
(1878, I, 122).

Dans ces deux cas, le jugement prononcé est une constatation officielle de l'inexécution par tous les acheteurs en un
cas, par tous les vendeurs dans l'autre des obligations con-
tractées de recevoir ou de faire livraison, soi-même ou par
l'intermédiaire d'un autre.

Le vendeur ou l'acheteur, en cas d'inexécution, peuvent du
reste revendre ou racheter sans s'y faire autoriser par un
jugement en forme ; une sommation adressée à celui qui est
responsable vis-à-vis d'eux de l'inexécution, suffit à rendre
la revente ou le rachat réguliers (1877, I, 261) vis-à-vis de
tous les intéressés.

IV. — *Rapports du dernier endosseur et du receveur.*

Ces rapports découlent de ce que je viens de dire ; le
receveur, lorsque le livreur est défaillant, doit, avant de se
remplacer pour le compte de son vendeur, lui adresser une
sommation ; son vendeur aura le droit de faire lui-même
livraison, sur cette mise en demeure.

Le livreur, en cette seule qualité, ne pouvant réclamer au receveur que son prix, il en résultera souvent un solde, une différence, que le receveur devra payer à son vendeur.

Le receveur paie au contraire, cela est évident, l'intégralité de son prix, quel qu'il soit, aux mains du livreur, lorsque celui-ci est porteur de la facture acquittée de son vendeur ; il se trouve dès lors complètement dégagé vis-à-vis de celui-ci.

V. — *Rapports du livreur et du réceptionnaire avec les membres intermédiaires.*

Ils n'en auront aucun, n'ayant, suivant la formule que je rappelle, ni acheté, ni vendu, ni livré à aucun d'eux, à l'exception, naturellement, du premier acheteur et du dernier vendeur, dont je viens de m'occuper.

Aussi le livreur ne pourra réclamer le prix à un acheteur, ni le receveur demander la délivrance à un vendeur intermédiaire (1861, I, 37 ; 1870, I, 78, 213).

Mais si le livreur agit lui-même comme liquidateur, opérant l'échange des factures, les membres intermédiaires devront s'y prêter, puisqu'il sera, dans cette mesure, le représentant de leur vendeur à chacun.

Un jugement de Marseille, déjà ancien, a résumé très bien les idées essentielles qui ont inspiré sa jurisprudence (1858, I, 153).

... « Attendu que la remise des ordres de livraison est un mode d'exécution des traités de vente et d'achat ;

» Que les traités auxquels s'applique un ordre sont intervenus séparément entre un vendeur et un acheteur, et n'ont créé de lien de droit qu'entre ces deux parties ;

» Que ce n'est donc que l'ordre de livraison lui-même, qui formerait, entre ceux qui le transmettent, des relations de droit ne dérivant pas des traités ;

» Attendu que l'ordre de livraison, pour celui qui le reçoit, est l'indication d'une personne qui doit lui livrer, à la place de son propre vendeur, la marchandise vendue ;

» Que ce vendeur reste obligé, si l'ordre ne s'exécute pas, parce qu'il n'a donné qu'une indication sans faire novation à son engagement ;

» Que le détenteur du blé en devient le débiteur indiqué, mais sans contracter une obligation nouvelle et sans acquérir un droit nouveau ;

» Que, pour ce débiteur, la personne indiquée n'est que le représentant de son créancier et, s'il est lui-même créancier éventuel d'un prix, il conserve sa créance contre celui-là seul avec qui il a traité, et à l'engagement duquel ne se joint pas un tiers par l'effet d'une simple indication ;

» Attendu d'ailleurs que l'indication ne peut être réputée acceptée que lorsque le détenteur d'une marchandise la livre à un acheteur indiqué ;

» Que jusqu'alors ce détenteur ne connaît même pas les indications qui ont été faites ;

» Que c'est au moment où le détenteur du blé intervient pour le livrer à un réceptionnaire qui n'est pas son acheteur direct qu'on doit se rendre compte des effets que produisent les indications antérieures ;

» Attendu qu'il se forme alors des relations qui n'avaient pas encore existé, entre le détenteur et le réceptionnaire de la marchandise ;

» Que le vendeur primitif la délivre à un acheteur indiqué, en la suivant dans ses mains et sous le nom de l'un et de l'autre, et que, s'il n'exige pas le prix contre la marchandise même, il est réputé faire crédit personnellement au réceptionnaire pour le prix que celui-ci est tenu de payer ; qu'il devient ainsi son créancier ; que telle est la jurisprudence... ;

» Attendu qu'en réalité chacun a eu successivement en mains l'ordre de livraison, qui a été un moyen par lequel il pouvait à son gré se procurer la marchandise, et qui, en ce sens, l'a représentée pour lui ;

» Que l'ordre n'était pourtant pas la marchandise même ; aussi, le lien de droit entre le détenteur du blé et le porteur d'ordre ne devait se former qu'autant que ce dernier userait de l'ordre pour demander la marchandise, et s'il le transmettait sans la demander, il ne naissait pas même entre eux, à un moment donné, un lien de droit temporaire ;

» Qu'en réalité aussi il n'y a eu qu'une seule livraison ;

» Que cela est vrai non pas seulement en ce sens qu'il n'y a eu qu'un seul livreur, un seul réceptionnaire, une seule quantité de marchandises ; que cette assertion est encore vraie en ce sens que celui qui a livré n'a livré que pour son compte, et que celui qui a reçu n'a reçu que pour son compte également ;

» Que quant au réceptionnaire, il reçoit de la marchandise pour exécuter son traité spécial, tandis que les autres acheteurs ont accepté les ordres de livraison pour exécuter leurs marchés particuliers ;

» Que de même le détenteur exécute son marché en délivrant de la marchandise tandis que les autres ont exécuté les leurs en transmettant les ordres ;

» Que de chaque vendeur à chaque acheteur il y a une exécution distincte comme il y a un traité distinct ;

» Attendu que, ces points établis, une dernière objection reste à apprécier ; elle consiste à dire que l'exécution par ordres de livraison est imparfaite, qu'il lui manque un complément, et que celui qui livre la marchandise procure ce complément, et fait en définitive sortir les traités à effet ;

» Qu'à cet égard l'ordre de livraison suppose en effet l'accomplissement d'une condition, et que cette condition est remplie par celui qui livre la marchandise ;

» Mais que s'il la remplit, c'est sans avoir en vue de l'exécuter quant aux intermédiaires qui se sont transmis l'ordre ;

il ne la remplit que parce qu'elle est inhérente à l'engagement qu'il a contracté envers son acheteur direct ;

» Que de là, par suite, ne naît ni un contrat entre lui et les intermédiaires, par la raison qu'il n'a pas traité et n'a pas été en relations avec eux, ni un quasi contrat, parce qu'il n'a fait que ce qu'il était obligé à faire, et qu'un quasi contrat d'après la définition de l'art. 1371 est un fait purement volontaire. »

En somme, du fait de la filière ne naît aucune obligation, aucune action entre le livreur et le receveur et ceux avec qui ils n'ont pas traité : aucune non plus ne naît de l'échange des factures par le liquidateur, mandataire, non du livreur exclusivement, mais de tous les membres de la filière successivement, telle est en résumé la jurisprudence de Marseille.

E. Usages et règlements de Paris.

I. — Les usages en matière de filières, le texte des règlements surtout, varient beaucoup suivant les articles.

Un trait est commun à toutes les marchandises ; la liquidation se fait par échange de factures ; des liquidateurs agréés par la Commission de règlement de chaque marchandise y procèdent. Ils encaissent les pertes, et — c'est là un point très important — au lieu de délivrer simplement sur leur Caisse un bon à toucher la liquidation une fois terminée, comme à Marseille, ils paient immédiatement les bénéfices.

On peut créer, pour les huiles, des filières sans marchandises, ne spécialisant le lot qui fait l'objet de la livraison que lorsqu'on remet au receveur un bon de livraison ; la délivrance de ce bon de livraison peut être faite dans les dix jours qui suivent l'arrêt de la filière, sans que ce délai puisse aller au-delà de la fin du mois ; celui qui n'a pas livré à la fin du mois est passible d'une amende de deux francs par cent kilos.

Pour les marchandises qui donnent lieu à un plus grand mouvement d'affaires, les règles sont plus strictes.

La marchandise est spécialisée dès l'émission de la filière.

Pour les sucres, la filière doit porter leur numéro d'entrée à l'entrepôt et le visa de l'entrepôt.

Pour les blés, la filière est également visée par le magasinier ; elle porte de plus un certificat d'expertise préalable.

De même pour les farines, la filière est visée par l'entrepositaire et par la Commission, et indique le numéro d'estampille de la marchandise ; or, l'estampille n'est accordée que si la marchandise provient des fabricants-types, ou a été acceptée après expertise préalable.

On comprend dès lors le sens qu'il faut attacher à cette formule des règlements des farines et des blés (art. 37 des deux règlements) : *la filière est la représentation effective de la marchandise*. Les Commissions qui rédigent les différents règlements à Paris ont un malheureux amour pour ces formules abstraites, qui permettent toutes les interprétations. Le détenteur de la filière a la certitude de pouvoir obtenir, *moyennant certaines conditions*, non seulement la quantité, mais la qualité voulue.

Faut-il aller plus loin, et prétendre que la propriété même de la marchandise passe, avec la filière, de mains en mains ?

Il serait malaisé de le soutenir, étant donné que la filière est un *ordre* de livraison, mais non un *bon* de livraison.

C'est une fois que la filière est arrêtée qu'un bon de livraison est remis pour les sucres, il donne le droit d'enlever la marchandise, à condition de payer la facture d'arrêt (Sucres, art. 13, 18) ; pour les blés et les farines, il n'est délivré qu'après paiement de cette facture (Farines, art. 56. Blés, art. 45).

Les endossements se font à domicile, de 9 heures à 4 heures, sauf les jours de liquidation.

Il y a deux liquidations, les 1ᵉʳ et 16 de chaque mois, au Cercle du Louvre ; les liquidateurs y recueillent les endossements pour toutes les filières alors en circulation. La liquidation du 1ᵉʳ du mois est consacrée aux marchés du mois précédents. En d'autres termes, le vendeur sur le mois d'août, peut livrer pendant le mois entier, ou bien attendre, s'il le préfère, le 1ᵉʳ septembre pour émettre sa filière en liquidation. Tous ceux qui ont à recevoir de la marchandise par filière doivent être présents pour participer à l'opération, sans quoi, on arrête les filières d'office sur eux ; on les considère comme prenant livraison (Sucres, 14, 15. Blés, art. 38).

Les endossements faits, la seconde opération, comprenant l'échange des factures et le paiement des différences, a lieu le second jour ouvrable après la séance d'endossements. Tous les intéressés se réunissent avec leurs factures acquittées, et le compte général des différences dont ils sont créanciers ou débiteurs ; les liquidateurs ont aussi leur compte général.

Si les endosseurs ont à payer un solde, ils doivent le verser à 10 heures du matin.

S'ils sont créanciers, ils n'encaissent que dans la soirée.

En dehors de ces quelques points, les règlements présentent de grandes différences. Les jugements et arrêts rendus à Paris, les conclusions des divers organes du ministère public, renferment, développés ou en germe, les systèmes les plus divers sur les rapports qui existent entre les différents membres de la filière.

Je vais examiner les principales théories en présence, dans les circonstances où la jurisprudence a eu lieu de statuer : pour les sucres, sous l'empire du règlement du 5 juin 1880 et dans l'hypothèse où le réceptionnaire est défaillant ; il est facile de reconstituer, dans chaque système, le règlement à intervenir lorsque le défaut du livreur rend nécessaire le rachat en Bourse.

Voici les principaux articles du Marché des Sucres :

« 2° L'ordre de livraison sera transmissible par voie d'endossement sur des formules dites filières, chacune de cent sacs ; et cette transmission s'opèrera à domicile de 9 heures à 4 heures, par des agents filiéristes, qui devront exiger l'endos immédiat, et, en cas de refus, arrêter les filières en prévenant de suite le créateur de ces titres.

» 3° Les factures s'échangent en même temps que l'endossement et donnent lieu seulement à des différences que les filiéristes règlent au comptant avec les endosseurs sur la base du numéro 3.

» 5° Dans le cas où le dernier acheteur, c'est-à-dire celui qui a arrêté la filière, ne prendrait pas livraison dans les trois jours, le vendeur, c'est-à-dire le créateur de la filière ferait revendre la marchandise offerte en livraison à la première Bourse qui suivrait, après avis préalable et affichage aux frais, risques et périls de qui il appartiendrait.

» 6° Dans le cas où le vendeur n'aurait pas offert en livraison la marchandise vendue, le jour de l'échéance stipulée au marché, l'acheteur ferait racheter la quantité non livrée à la Bourse du jour qui suivrait, après avis préalable et affichage à la Bourse et aux frais et risques de qui il appartiendrait. »

II. — Premier système :

Le liquidateur est le représentant du créateur de la filière : la remise des factures acquittées aux différents membres de la filière implique leur libération définitive ; une novation a lieu à chaque échange de factures.

Il en résulte que le créateur de la filière n'a d'action, en cas d'inexécution, que contre le réceptionnaire défaillant ou le dernier endosseur ; il ne peut rien réclamer à son acheteur direct.

Telle est la doctrine de deux arrêts de la Cour d'Appel de Paris, 2ᵉ chambre, des 23 juin 1885 (Teulet et Camberlin,

Journal Trib. Commerce, n° 10921) et 2 juin 1886 (*La Loi*, 14 juillet 1886).

Je remarquerai tout d'abord que l'arrêt ne déduit pas du principe posé toutes ses conséquences logiques.

La novation, si novation il y a, s'opère au moment de l'échange des factures ; l'endosseur paie ou reçoit une différence, remet sa facture acquittée sur son acheteur, reçoit celle de son vendeur ; il est libéré dès lors et définitivement. Or, cette opération a eu lieu pour le dernier endosseur comme pour les précédents ; comment admettre que l'on puisse agir contre lui, en vertu du défaut du réceptionnaire ?

Supposera-t-on que dans la convention intervenue entre le liquidateur, représentant du créateur de la filière et le dernier endosseur ce droit d'action a été réservé ? Il me semble qu'il est à peine besoin de prévoir cette objection et d'y répondre. Lorsque le liquidateur a traité avec le dernier endosseur, tous deux ignoraient que la filière ne serait plus endossée ; la convention faite a donc été la même qu'avec les autres membres de la filière ; la remise de la facture a eu la même signification ; et ne lui donner, en un cas, que la portée d'une libération conditionnelle, c'est donner prise à là théorie opposée.

J'ai, du reste, été forcé de donner à la doctrine de la deuxième Chambre, pour la formuler brièvement, une netteté qu'elle n'a pas. Tantôt, en effet, elle fait intervenir l'idée de novation, tantôt elle a l'air de supposer une simple cession de créance, faite à titre de dation en paiement. C'est ce qui résulte des considérants suivants, empruntés à l'arrêt du 23 juin 1885 :

« Considérant, en droit, qu'aux termes des articles 1275 et 1276 du Code civil, la substitution par délégation opère novation si le créancier a expressément déclaré qu'il entendait décharger le débiteur qui a fait la délégation ;

» Qu'en matière commerciale surtout, la volonté même

expresse n'est point assujettie à des formules sacramentelles, que la manifestation peut en résulter des actes de pratique usuelle entre commerçants ;

» Considérant, en fait, que Rabineau, dans l'espèce, ne s'est pas borné à faire une déclaration, laquelle, dans le système des articles précédents, précède toujours le paiement à intervenir ultérieurement, mais qu'il a reçu paiement et donné quittance, que l'acquit donné sur une facture est entre commerçants la preuve décisive et incontestée de la libération. »

Plus loin encore, l'arrêt emploie l'expression de dation en paiement. Sans tenir compte de ces incertitudes, attachons-nous à l'idée de novation, et demandons-nous si elle est admissible, dans les termes où l'arrêt de 1885 nous la présente.

L'échange des factures s'opère à Paris, je le rappelle, au moment même de la circulation de la filière, le créateur de la filière, d'une part, n'a pas connaissance des endossements successifs au fur et à mesure qu'ils se produisent, d'autre part, celui auquel on vient d'endosser la filière n'en est pas encore averti : comme il est de toute évidence qu'il faut pour qu'il y ait novation le concours du créancier et celui du débiteur délégué, il faut supposer que, d'une part, le créateur de la filière est représenté par le liquidateur, son mandataire, que de l'autre l'acheteur délégué a consenti par avance à la novation, a permis à son vendeur de l'y représenter, ou qu'il y consent lui-même au moment où la filière lui est présentée.

Le liquidateur, qui représente le créateur de la filière, peut-il au moins refuser un endos fait sur un négociant qu'il croit peu solvable? Rien n'autorise à le croire; le Règlement l'oblige à continuer les endossements tant que l'échange des factures, le paiement des différences se fera régulièrement ; il ne peut arrêter la filière que lorsque l'endos est refusé ou lorsqu'un des intéressés n'est pas présent à la liquidation.

Le créateur de la filière accepte donc d'avance pour son obligé, en remplacement de celui avec lequel il a traité, parce qu'il le savait solvable, une personne quelconque dont il ne sera pas admis à contrôler la situation, qu'il ne connaîtra même pas et qui pourra lui être déléguée d'un moment à l'autre, sans qu'il soit besoin de son assentiment, en remplacement de son acheteur.

Si l'on ajoute à cela que le créateur doit, par l'entremise du liquidateur de la filière, faire l'avance des bénéfices aux différents endosseurs, et qu'il peut se trouver créancier vis-à-vis du réceptionnaire défaillant d'un prix très supérieur à celui de son marché primitif, il faudra convenir que sa situation est assez dure.

Aussi dure que celle des membres intermédiaires de la filière est favorable ; ceux avec lesquels ils ont contracté peuvent être incapables de remplir leurs obligations, ils n'en souffriront en rien et toucheront même du créateur de la filière leur bénéfice, qu'ils n'auraient pu encaisser s'ils avaient eu à offrir la livraison à leurs acheteurs, directement et sans filière.

Et la fraude n'est pas difficile en ayant recours — étant donné que la 2ᵉ Chambre considère le dernier endosseur comme obligé — aux services de deux hommes de paille insolvables. A a vendu à B une grande quantité de marchandises à 50, le cours actuel est de 60. B voudrait réaliser, mais il ne pourrait le faire avec des acheteurs sérieux au cours actuel, loin de là, l'offre d'une quantité considérable devant faire de la baisse. Il s'entendra avec C et D, tous deux insolvables ; vendra à C au cours de 60, C revendra à D à peu près au même cours. Lors de la livraison, le liquidateur versera à B tout son bénéfice. D, réceptionnaire, ne prendra livraison que si, par hasard, la hausse ayant continué, B trouve avantageux de lui en fournir les moyens ; s'il en est autrement, D ne prendra pas livraison. A, créateur de la filière, n'aura que des recours illusoires contre lui et contre C, dernier endosseur.

Telle est la théorie de la 2ᵉ Chambre.

Une analogie toute extérieure de la filière avec la lettre de change ou le billet à ordre a pu contribuer à l'inspirer ; mais si l'on comprend que l'on consente à être *débiteur à ordre*, un changement dans la personne du créancier ne modifiant guère la situation, il est bien évident que la valeur d'une créance dépendant de la personne du débiteur, il est assez invraisemblable que l'on consente à se porter *créancier à ordre*.

A l'appui de son système, la Cour fait intervenir une théorie de ce qu'elle appelle la vente par filière, qu'il faut examiner brièvement.

« Considérant en fait que la vente par filière a pour but de donner une impulsion et une rapidité plus grande à la spéculation commerciale dans les marchés à terme ;

» *Que le vendeur, créateur de la filière, y trouve cet avantage d'obtenir de son acheteur un prix plus élevé que dans la vente ordinaire*, à raison de la facilité même que celui-ci trouve à revendre et à transmettre la livraison conventionnelle, facilité qui peut se renouveler sans autre limite que le prix de livraison effective et matérielle ;

» *Qu'il suit de là que tous les vendeurs et acheteurs intermédiaires n'ont, en réalité, spéculé que sur des différences* amenées par les fluctuations en hausse ou en baisse du cours des marchandises, et qu'à la liquidation de la filière, les deux seules parties en présence pour l'exécution matérielle et effective de la vente sont le créateur de la filière lui-même qui est tenu d'opérer la délivrance de la marchandise et le réceptionnaire acceptant, qui est tenu de payer le prix par lui consenti, conformément à l'article 4 du marché-type... Que *le rôle du premier acheteur est limité à son achat et à sa revente immédiate ;*

» Que l'éventualité de la filière incombe, d'une part, à *celui qui a créé ce mode de vente dans son intérêt*, qui l'a alimenté dans toutes ses phases, qui a conservé la possession personnelle effective de la transaction (?) et, d'autre part, à celui qui, comme acheteur, n'a rempli aucune de ses obligations, soit le réceptionnaire défaillant, soit le dernier endosseur. »

Le premier considérant du même arrêt dit aussi *que la vente a eu lieu au moyen de onze filières*.

Ces divers passages de l'arrêt de 1885 montrent selon moi, une conception entièrement fausse des transactions intervenues. — La filière n'est plus un moyen de livraison, elle est un moyen de vente. Rabineau crée des filières, il va trouver Goux et lui dit : « Voilà onze filières, je vous les vends. » Et en raison de la facilité avec laquelle Goux pourra transmettre les filières à son propre acheteur, Rabineau obtient de lui, la Cour nous l'affirme, un prix exceptionnel, supérieur au cours. Dès l'origine de l'opération, le rôle du créateur de la filière se trouve donc profondément différent de celui des autres membres de la filière. Il a ses avantages, qui sont d'obtenir un prix supérieur, une rémunération spéciale ; il aura des charges correspondantes ; il devra se constituer banquier de la filière, faire l'avance des bénéfices, accepter la novation avec les personnes quelconques qu'il plaira aux endosseurs successifs de se substituer.

J'apprécie autant qu'il convient cette ingénieuse théorie, tout en regrettant que l'imagination y ait plus de part que l'examen des faits. L'étude du dossier aurait appris à la Cour qu'ainsi qu'il arrive toujours, la création de la filière avait eu lieu après la vente : dans le cas particulier, onze filières avaient été créées par Rabineau le 20 août, en exécution de deux ventes datées des 11 mars et 11 juin 1881. Comme il arrive toujours, également, ces deux ventes avaient eu lieu sans conventions spéciales, sans obligation pour le vendeur de créer des filières sur l'acheteur pour effectuer la livraison.

Il avait, selon les usages de la place, le droit de livrer à sa convenance dans tout le courant du mois de livraison, du 1er au 31 août 1881, et même à la liquidation d'août qui a lieu au commencement de septembre, et cela de deux manières différentes :

1° En créant des filières sur son acheteur ;

2° En lui endossant des filières créées par autrui.

Il pouvait enfin compenser le cas échéant, les ventes avec des achats antérieurs ou postérieurs faits à son acheteur, ou ne pas livrer, et se laisser racheter en bourse, à ses risques et périls.

Comme rien n'indique quel parti prendra le vendeur, il ne saurait être question d'un prix spécial obtenu, d'une rémunération à lui accordée comme créateur de filière. Sa situation dépendra de ses transactions, antérieures et postérieures à la vente. De même pour chaque acheteur, membre de la filière : suivant qu'il trouvera ou non, avant la livraison, un prix suffisant, il sera réceptionnaire, ou simple membre intermédiaire.

Et la distinction faite entre le créateur et le réceptionnaire d'une part, les membres intermédiaires de l'autre, quant aux calculs qui servent de base à leurs opérations, est sans fondement.

Peut-on admettre, dès lors, qu'il y ait une série de novations, et que la remise des factures soit la preuve d'une libération définitive, inconditionnelle ?

La novation, tout d'abord, ne ressort pas du simple fait de l'endossement : il y a simple indication d'une personne qui doit recevoir la livraison, au lieu de l'acheteur direct ; et aux termes de l'art. 1277 2°, la simple indication faite par le créancier d'une personne qui doit recevoir pour lui, n'opère point novation.

Quant à la remise par l'endosseur de la facture acquittée sur l'endossé, c'est une indication de paiement, qui, aux termes de l'art. 1277 4°, n'entraîne pas non plus novation.

Il est vrai, et quelques décisions ont eu le tort de le contester, affirmant, ce qui est inexact en fait, que le liquidateur restait seul détenteur des factures acquittées (3ᵉ Ch. 6 mars 1885 *Loi* 23 mars) ; que l'endosseur obtient du liquidateur la remise de la facture acquittée de son vendeur : ne peut-on pas y voir la déclaration expresse, exigée par l'art. 1275, que le créancier a entendu décharger le débiteur qui a fait la délégation ? On pourrait le croire si du reste cela était vraisemblable ; mais on ne peut admettre l'intention du livreur d'accepter n'importe qui comme débiteur : l'usage ne voit dans l'acquit, en apparence pur et simple, du vendeur, qu'une décharge purement conditionnelle.

La remise d'une facture n'est un paiement qu'autant qu'elle est ensuite payée. En matière de compte courant, le recevant passe au compte du remettant sans aucune réserve expresse les valeurs versées par celui-ci ; la jurisprudence est cependant unanime à sous-entendre en ce cas la condition sauf encaissement.

Et le pourvoi contre l'arrêt du 23 juin 1885 citait le cas, assez voisin du nôtre, où le vendeur a donné quittance, sans réserve, du prix de vente, en déclarant en même temps recevoir en paiement des lettres de change ou autres valeurs. Il n'y a pas novation, parce que la cause de la dette n'est pas changée (Cass. 22 juin 1841, Larombière, III, 527, Aubry et Rau, IV, 218), il n'y a qu'une convention relative au mode de paiement du prix.

La Cour de Cassation a admis le pourvoi de M. Rabineau contre l'arrêt du 23 juin 1885, le 25 juillet 1887, par un arrêt ainsi conçu :

« La Cour,

» Vu les art. 1273, 1275 et 1650 C. civ. ;

» Attendu que si, dans les ventes par filières, les marchandises vendues sont livrables à ordre, le lien de droit résultant du contrat originaire n'en subsiste pas moins entre les parties qui y ont pris part ;

» Que, nonobstant les transmissions successives du bon de livraison, *le premier acheteur reste donc obligé envers le vendeur primitif à lui payer le prix convenu* s'il n'est pas acquitté par le réceptionnaire et si la revente en bourse n'a produit qu'une somme inférieure ;

» Qu'en effet, la négociation en filières s'effectue sans que le premier vendeur ou livreur ait le droit de contrôler la solvabilité des nouveaux acheteurs et de s'opposer à la cession qui leur est faite ; que *s'il reçoit de son acheteur direct sa facture sur un sous-acheteur et s'il lui remet en échange sa facture acquittée, il n'en résulte pas novation dans la créance par changement de débiteur;* que la novation ne se présume pas et que, d'une part, la remise de la facture de l'acheteur ne vaut que comme indication de la personne qu'il charge de payer pour lui; que, d'autre part, la remise, même sans réserve, à l'acheteur par le vendeur de sa facture acquittée n'opère qu'une libération conditionnelle, subordonnée à l'exécution finale du contrat ;

» Que ni l'intervention du liquidateur au cours de l'opération, ni le mandat tacite imposé par l'usage au livreur de mettre le réceptionnaire en demeure de prendre livraison, ne modifient la nature ni les conditions légales de la vente dont il s'agit ;

» D'où il suit qu'en refusant toute action à Rabineau contre Goux, son acheteur, *en paiement de la différence entre le prix convenu et le produit de la revente aux enchères de la marchandise,* sous prétexte qu'il y avait une novation de la créance, l'arrêt dénoncé a tiré du mécanisme de la vente par filière des conséquences qui ne sont pas juridiques ; qu'il a ainsi formellement violé les articles de loi ci-dessus visés ;

» Casse, etc. »

III. — La Cour aurait pu, tout en cassant l'arrêt de la 2ᵉ Chambre, tout en consacrant le droit d'action du livreur contre le premier acheteur, ne pas préciser ce droit, ne pas dire quelle somme il pourra lui réclamer. Elle ne l'a pas fait et a voulu prendre parti sur ce point. La théorie qu'elle a admise est la plus restrictive des effets de la livraison par filières. Ainsi qu'il résulte des passages de l'arrêt que j'ai soulignés, elle peut se formuler ainsi :

Le premier acheteur reste obligé, vis-à-vis du livreur, à lui payer le prix convenu. Lors donc que le réceptionnaire n'a pas pris livraison et que le livreur a été forcé de revendre la marchandise en Bourse, il faut lui reconnaître le droit de réclamer au premier acheteur la différence entre le prix convenu et le produit de la revente, s'il est inférieur.

Par un autre arrêt en date du même jour et dont les motifs sont les mêmes, elle rejettait du reste un pourvoi formé contre un arrêt de la Cour de Paris, 5ᵉ Chambre, du 27 mai 1884, qui avait statué en ce sens (*La Loi* du 6 déc. 1887).

Je citerai encore un autre arrêt de la 5ᵉ Chambre du 22 janvier 1884 et les intéressantes conclusions de M. l'avocat général Godart, et deux arrêts de Paris, 3ᵉ Chambre, 6 mars 1885, et 7ᵉ Chambre, 7 mars 1885 (Dalloz, 1885, II, 261, 1ʳᵉ, 3ᵉ et 4ᵉ espèces ; *La Loi* du 4 janv. 1884, 24 et 26 mars 1885 ; Teulet et Camberlin, nᵒˢ 10474, 10722, 10724).

La jurisprudence de Marseille et celle du Havre consacrent, je le rappelle, la même théorie, ainsi que les auteurs principaux (V. MM. Ripert, p. 201 ; Lyon-Caen et Renault, nᵒ 671 ; Boistel, nᵒ 484). Mais je ferai remarquer que ces différents auteurs ont examiné la question dans les termes où elle se présente à Marseille et sans se préoccuper des usages et règlements de Paris, que la jurisprudence n'avait pas eu, jusqu'à ces dernières années, l'occasion d'interpréter.

Or, à Paris, le liquidateur, ainsi que j'ai déjà pris soin de le faire remarquer, ne délivre pas aux endosseurs, pour le montant de leurs bénéfices, un bon payable sur sa caisse, après la fin de la liquidation, comme à Marseille, mais il les leur règle immédiatement.

On évite ainsi, à coup sûr, une situation qui pourrait se produire à Marseille, où un endosseur, forcé de payer de fortes pertes subies sur certaines filières, ne pourrait se servir, pour y faire face, de bénéfices qui ne lui seront versés qu'après la complète liquidation de quelques autres filières sur le même mois.

Mais d'autre part, en cas d'insolvabilité d'un des membres de la filière, il en résulte un certain découvert. La question s'élève de savoir qui doit le subir, momentanément ou définitivement.

Et c'est, au fond, pour trancher cette question, qu'interviennent divers systèmes, basés sur des interprétations différentes du rôle du liquidateur et des conventions par lui passées avec les différents membres de la filière.

Cette difficulté peut très bien ne pas se présenter. Il suffit de supposer que les prix soient allés en décroissant. Le liquidateur ne rencontre que des différences à encaisser, aucune à payer, cela est évident.

Mais il en est autrement si les prix ont augmenté de revente en revente.

Prenons un exemple :

A vend à B à 50, B à C à 60, C à D à 70, sur le mois d'août. Le 20 août, A remet au liquidateur la filière et sa facture acquittée. Le liquidateur va trouver B et lui présente ces deux pièces. B endosse la filière à C, présente au liquidateur la facture acquittée sur C et lui réclame comptant la différence, moins 1 franc, commission due au liquidateur pour chaque endos. Même opération avec C. Le liquidateur a déboursé deux fois 10, soit au total 20 (entendez 2,000 francs). Il va trouver D, qui refuse l'endos. Il semble qu'arrivées à ce moment, les choses se soient toujours passées, en fait, de là manière suivante. Le liquidateur, comme dans l'espèce jugée par l'arrêt du 23 juin 1885, a arrêté d'office la filière sur D, il a considéré sa mission comme terminée et est revenu, muni de la filière arrêtée et de la facture impayée, chez le créateur de la filière, et *a réglé avec lui, se faisant rembourser par lui du montant de ses avances.*

On comprend quel appui cette manière de procéder fournit à l'opinion qui considère le liquidateur comme mandataire du créateur de la filière et de lui seul ; il faut bien qu'il ait été chargé par lui de faire ces avances, puisqu'il en obtient le remboursement lorsqu'il est certain que la facture d'arrêt ne sera pas payée.

Le découvert, remarquons-le, peut être important ; les hausses et les baisses sont brusques sur les marchandises ; et du reste le réceptionnaire défaillant peut avoir acheté à une époque très antérieure à la livraison.

On pourrait supposer tout d'abord un litige entre le liquidateur et le livreur, qui refuserait de le rembourser.

Le livreur prétendrait n'être aucunement lié par les avances faites par le liquidateur, et le renverrait à recourir directement contre ceux auxquels il les aurait faites. La situation du liquidateur serait assez dure, puisqu'il serait obligé de faire des avances considérables, à ses risques et périls, ayant pour toute compensation une commission de 1 franc par endos. En fait, le créateur de la filière le rembourse sans difficulté. Reste à régler la question des recours à lui attribuer.

Je me demanderai d'abord quel système la Cour de Cassation a entendu consacrer.

L'arrêt par lequel elle a rejeté le pourvoi formé contre l'arrêt de la Cour de Paris, du 27 mai 1884, ne saurait nous éclairer sur ce point. On ne voit pas qu'en l'espèce il y ait eu des avances faites ; la Cour avait accordé au demandeur le montant de ses réclamations, qui ne portaient que sur la différence entre le prix convenu et celui qu'il avait obtenu par la revente en Bourse.

Mais l'autre arrêt rendu le même jour prend une autre portée, bien que les considérants soient les mêmes, étant donné que le demandeur en cassation, livreur de la filière, avait réclamé en appel à son acheteur, *la différence entre le prix de la revente en bourse et le montant de la facture d'arrêt*; on peut dire aussi, ce qui revient au même, qu'il réclamait à son acheteur : 1° la différence entre le prix convenu et le résultat de la revente en Bourse ; 2° les avances faites par le liquidateur aux membres intermédiaires de la filière, qu'il lui avait remboursées.

L'arrêt de la 2ᵉ Chambre avait dénié tout droit d'action au livreur ; la Cour de Cassation pouvait se contenter de casser en posant le principe d'un droit d'action, sans en déterminer le montant ; elle a préféré affirmer sa doctrine sur ce second point, longuement discuté par le demandeur en cassation, dans un mémoire présenté à l'appui de son pourvoi.

« En refusant toute action à Rabineau contre Goux, son acheteur, à raison de la différence entre le prix convenu et le produit de la revente aux enchères de la marchandise, l'arrêt a formellement violé », etc.

La solution est très nette ; un troisième point restait à trancher, sur lequel la Cour n'apporte aucune décision formelle ; à qui le créateur de la filière pourra-t-il réclamer les avances qu'il a remboursées au liquidateur ? — A ceux à qui elles ont été faites, évidemment, et ceci, quelque opinion que l'on adopte sur le rôle du liquidateur ; le créateur de la filière agit en ce cas, soit en vertu d'un mandat par lui donné au liquidateur, soit à raison d'une cession que le liquidateur lui a faite de ses droits, lorsqu'il l'a volontairement remboursé. Qu'il ait agi en son propre nom ou comme représentant du créateur de la filière, le liquidateur n'a sûrement entendu faire qu'une avance restituable au cas où il n'y aurait pas prise de livraison régulière.

Enfin la Cour de Cassation refuserait évidemment toute action au livreur contre ceux des membres de la filière avec lesquels il n'a pas traité, et auxquels aucune avance n'a été faite.

IV. — Certains systèmes accordent au mode de livraison employé plus d'effets que celui de la Cour de Cassation, ils admettent tous un droit d'action du livreur contre le premier acheteur, mais un droit très différent de celui du vendeur ordinaire. On peut en distinguer trois.

1° Le premier est le système de la *liquidation par le bas*. Il reconnaît le droit d'action du premier acheteur, mais seulement après discussion des cessionnaires successifs, en remontant la filière, à partir du dernier endosseur. Ce genre de liquidation serait imposé au livreur par les usages de la place ; il faut « rechercher successivement les responsabilités dans l'ordre inverse des endos fournis, tous les endosseurs s'étant soumis par leurs marchés à cette forme de liquidation. » Ce système a été adopté par un jugement du Tribunal de la Seine du 5 juin 1883, réformé par la Cour d'appel le 27 mai 1884 (*La Loi* du 6 décembre 1887).

Rien dans le règlement des sucres alors en usage n'imposait au créateur de la filière cette liquidation par le bas, ces procès successifs, ces délais qui lui font courir le risque de voir son acheteur devenir insolvable, avant d'avoir pu agir contre lui.

Bien que rien dans le jugement ne l'indique formellement, il semble bien que le Tribunal ait entendu permettre au livreur, la discussion des endosseurs ultérieurs une fois terminée, de réclamer à son acheteur même les avances faites et devenues irrécouvrables.

2° Dans ses conclusions, M. l'avocat général Pradines a

soutenu devant la deuxième Chambre de la Cour d'appel le système suivant (Teulet et Camberlin, 10,921).

Le livreur, qui a fait des avances a la faculté d'opter entre deux manières de procéder.

1° Il peut, s'adressant directement à son acheteur, lui réclamer sans plus, la différence entre le prix convenu et le produit de la revente en bourse — et réclamer d'autre part individuellement ses avances à ceux à qui il les a faites.

« 2° S'il veut réclamer plus à son acheteur, qu'il actionne le dernier preneur, qui s'est engagé, puisque ce dernier preneur avait accepté le marché avec ses charges en le rétrocédant à son tour, et si ce dernier preneur est insolvable, qu'il s'adresse à celui qui le lui a présenté et fait accepter, c'est-à-dire au cédant de ce dernier preneur.... Que si le cédant du dernier preneur se trouve insolvable, à son tour il pourra s'adresser au cédant de celui-ci et peut-être, de degré en degré, s'il rencontre partout des insolvables, sera-t-il amené à remonter jusqu'à son acheteur, mais du moins si alors, en qualité de banquier, il revient à lui, c'est qu'il aura épuisé tous ceux qu'il devait discuter avant lui. »

L'auteur de ce système ne pouvait s'appuyer ni sur les usages de la place, ni sur le texte du règlement ; il n'expliquait pas suffisamment en vertu de quelle convention le livreur pourrait réclamer à son acheteur plus que son prix [1]. Je pense donc qu'il ne le considérait guère comme immédiatement applicable, et voulait seulement en conseiller l'adoption.

3° Un dernier système a rencontré une assez grande faveur ; il a été consacré par les 3°, 4° et 6° Chambres de la Cour d'appel.

---

1. Chaque endosseur ferait accepter comme débiteur l'endosseur suivant, en restant simple caution ; il pourrait opposer en cette qualité, le bénéfice de discussion tant de son chef que du chef des cessionnaires ultérieurs. — Mais où trouver les éléments d'une convention si compliquée ?

L'arrêt de la 4e Chambre l'expose avec plus de développement que les autres.

Les ventes en elles-mêmes constituent autant de contrats séparés, distincts : mais le mode d'exécution en usage crée une chaîne d'obligations successives, auxquelles se soumettent les endosseurs par leur accession à la filière.

Au moment de l'endossement, chaque acheteur s'engage vis-à-vis de son vendeur à le libérer à l'égard du vendeur précédent, jusqu'à concurrence de son prix d'achat ; ceci sans novation ; chaque endosseur demeure responsable de celui qu'il s'est substitué pour l'exécution de ses propres engagements, et doit subir les conséquences qu'entraîne l'inexécution, qu'elle se produise par le fait du substitué immédiat, ou de ceux que le substitué direct se substitue à lui-même.

« D'autre part, les endosseurs, en accédant à la filière, acceptent le créateur de la filière pour leur gérant d'affaires, agissant dans l'intérêt commun, pour le règlement et le paiement des différences de prix auxquels donnent lieu leurs marchés respectifs ;

» Chacun des endosseurs, en remettant sa facture au liquidateur préposé par le créateur de la filière, se fait régler par lui de la différence entre le montant de ladite facture et le montant de l'endossement précédent ;

» Par là, le créateur de la filière se met à découvert d'une somme égale à l'écart existant entre le prix auquel il avait vendu à son acheteur et celui qui a été facturé par le dernier endosseur au réceptionnaire défaillant ;

» Il suit de là que, survenant l'inexécution du contrat par le fait du dernier endosseur, le premier endosseur doit indemniser le créateur de la filière, sauf recours contre l'endosseur suivant. »

Et l'indemnité doit être basée sur la différence entre le produit de la revente en bourse et le montant de la facture d'arrêt.

Le langage de l'arrêt pourrait être plus net : il n'y a pas lieu de s'étonner qu'on puisse le comprendre de plusieurs manières différentes.

M. Levillain, dans une note très intéressante sur ces divers arrêts (D., 1885, II, 261), a proposé une explication de ce système, qu'il refuse du reste d'admettre. On pourrait voir, dans cette convention accessoire dont la Cour nous parle, et qui intervient au moment de l'endossement, une stipulation pour autrui du prix (1121, C. C.) donnant au livreur, en cas d'inexécution, une action directe, contre chacun des endosseurs de la filière, constitués ainsi codébiteurs solidaires envers lui, et tendant à l'indemniser entièrement du préjudice subi.

Dans ses conclusions sur l'affaire en question, M. l'avocat général Sarrut reconnaissait au livreur un droit aussi étendu, mais ne l'expliquait pas de la même manière. Il considérait la filière comme une opération commerciale *sui generis*. Il est de l'essence de la filière que le créateur ait droit au montant de la dernière facture, chaque endosseur s'est engagé envers lui à le lui faire obtenir, il a commis une faute en désignant directement ou par intermédiaires un tiers dont il doit répondre, puisqu'il ne s'est pas libéré. Il y a dette solidaire (Teulet et Camberlin, n° 10725).

Mais dans l'arrêt que j'ai cité, et la base, et l'étendue de la responsabilité sont, à ce qu'il me semble, différentes.

Si la Cour avait voulu considérer les endosseurs comme codébiteurs solidaires, elle aurait adopté le point de vue assez simple de l'organe du ministère public : chaque endosseur s'est porté garant du paiement de la facture d'arrêt.

Une première convention intervient entre le vendeur et l'acheteur, celui-ci se chargeant de prendre livraison, lui-même ou par autrui, et de libérer le vendeur, jusqu'à concurrence de son prix d'achat, vis-à-vis de l'endosseur précédent.

Une seconde intervient entre l'endosseur et le livreur, représenté par le liquidateur, l'endosseur acceptant le livreur pour gérant d'affaires en vue du règlement des différences. Mais, et c'est en cela que l'explication que je propose diffère en ses résultats de celle de M. Levillain, le livreur ne peut être considéré comme gérant d'affaires de l'un des endosseurs que pour les règlements à intervenir avec les endosseurs subséquents et non pour les avances déjà faites, à un moment où cet endosseur ne faisait pas partie de la filière. D'où il suit que le livreur a bien action contre chacun des endosseurs, mais chaque action a un objet spécial, ils ne sont pas codébiteurs solidaires.

Je prends un exemple : A vend à B à 50, B à C à 60, C à D à 70, D à E à 80, la revente en Bourse ne produit que 45. A, qui a avancé 10 à B, 10 à C et 10 à D, qui de plus perd 5, comme différence du produit de la revente avec le prix convenu avec son acheteur, a action contre B pour la totalité du découvert, soit 35; à C, il ne peut réclamer que 25, l'avance faite à B ne peut lui être réclamée ; à D, il ne peut réclamer que 15.

Supposons qu'il se fasse rembourser par B son acheteur, B aura action contre C, C contre D, etc., en vertu de l'obligation que chaque acheteur avait contractée de prendre livraison, et de libérer son vendeur vis-à-vis du livreur et non par subrogation aux droits et actions du livreur puisqu'il n'y a pas identité de dette.

V. — Quoi qu'il en soit, et que l'on accepte cette dernière explication, ou toute autre, de ce système, il a le défaut de prêter aux différents membres de la filière des intentions singulièrement compliquées, alors qu'il est infiniment vraisemblable qu'ils n'avaient institué ce mode de liquidation que dans le but de faciliter l'exécution des marchés intervenus, sans en calculer très exactement les dernières conséquences.

On lui a souvent objecté ceci, que le liquidateur n'était pas le mandataire exclusif du créateur de la filière, mais le mandataire successif de tous les endosseurs ; mais l'objection ne porte pas. On peut très bien, en effet, admettre que le liquidateur, en tant qu'il recueille des endossements, soit le mandataire successif de tous les endosseurs, mais qu'il représente le livreur, banquier de la filière, lorsqu'il consent à se charger du règlement immédiat des différences.

Il est difficile d'admettre, en effet, que le liquidateur se charge d'avancer, à ses risques et périls, des sommes souvent considérables à tous ceux, quels qu'ils soient, qui se trouveront faire partie de la filière, et cela pour une rémunération de 1 franc par endos. Si les avances ne sont pas faites pour son propre compte, il semble qu'elles doivent être faites pour le compte du livreur, avec lequel il s'est entendu lors de l'émission de la filière ; cette induction, assez naturelle, est fortifiée par ce fait, que pratiquement le livreur les lui rembourse, quitte à en poursuivre lui-même le paiement par voie judiciaire.

- Le point de vue le plus sûr au point de vue purement juridique est, sans aucun doute, de n'accorder action au livreur contre son acheteur que jusqu'à concurrence de son prix d'achat ; quitte à réclamer la restitution des avances indûment faites : c'est le système de la Cour de Cassation.

Il a l'inconvénient d'exposer le livreur à des poursuites nombreuses, éventuellement à des pertes, par suite de l'insolvabilité de personnes avec qui il n'avait pas traité à l'origine ; peu attaquable, si l'on considère le livreur comme libre de consentir ou non des avances, il le devient du moment où l'on admet que l'échange des factures et le paiement des différences sont imposés par les usages ; il attache à la situation de créateur de la filière des charges sans compensation.

De là, une tendance à donner à la responsabilité du premier acheteur et des endosseurs, vis-à-vis du créateur de la filière, une étendue plus grande.

Le système de la liquidation par le bas semble avoir été inspiré en partie par cette tendance, en partie par le désir de limiter le nombre des actions au strict minimum ; aussitôt que le livreur a obtenu, en remontant la filière, le paiement de la différence entre la facture d'arrêt et le produit de la revente en Bourse, il y a règlement définitif. Le livreur a l'avantage de réclamer un paiement intégral ; mais il doit subir des délais, exercer des poursuites multiples ; son propre acheteur enfin peut devenir insolvable. Le fondement assez insuffisant de ce système est un prétendu usage de place qui semble n'avoir pu être établi, pour les sucres et sous l'empire du règlement de 1880.

Le choix donné par M. Pradines entre la liquidation par le bas et le mode de règlement consacré par la Cour de Cassation rendrait encore plus favorable, si on pouvait l'admettre, la situation du livreur.

Le système des 3e, 4e et 6e Chambres, tel que je le comprends, est très avantageux au livreur, puisqu'il peut demander au premier acheteur tout son découvert, à chacun des endosseurs suivants, le même montant, diminué des avances faites aux endosseurs précédents.

Enfin ce même système, différemment compris, ou celui qu'a présenté M. l'avocat général Sarrut, permettent au livreur de considérer tous les endosseurs comme codébiteurs solidaires vis-à-vis de lui, et de les poursuivre successivement (1204 C. C.) jusqu'à entière satisfaction ; les droits du livreur arrivent à leur maximum.

VI. — *Règlements actuels.* Sortant de l'hypothèse spéciale dans laquelle la jurisprudence a statué, il me faut donner une idée des conditions nouvelles dans lesquelles la question du droit du livreur peut se présenter aujourd'hui.

Sucres. — Le règlement a été révisé en 1881, 1882, 1883 et 1887 ; son texte actuel permettrait encore à la jurisprudence bien des hésitations. Je cite les articles les plus intéressants.

« Art. 11. — Les liquidateurs sont les mandataires du créateur de la filière, mais ils deviennent successivement les mandataires de chaque endosseur, jusqu'au jour de l'arrêt de la filière, où le créateur de celle-ci devient seul responsable des formalités régulières de la revente.

» Art. 21. — En aucun cas, le dernier endosseur ne pourra exiger préalablement que le créateur de la filière ait exercé des poursuites contre le défaillant, à moins que la revente n'ait pas été effectuée dans les délais règlementaires.

» D'un autre côté, le premier endosseur ne pourra exiger, de la part de l'arrêteur, aucune poursuite, mais seulement la production du procès-verbal de rachat fait dans les délais règlementaires.

» Art. 22. — A partir du moment où la revente est effectuée, le créateur de la filière a 24 heures pour en aviser le liquidateur, et ce dernier sera tenu, dans le même délai et sous la même responsabilité, de notifier par lettre ladite revente à tous les membres de la filière.

» En cas de rachat, celui qui a arrêté la filière est tenu, ainsi que le liquidateur, aux mêmes obligations que ci-dessus.

» Les avis donnés par le liquidateur dispenseront les endosseurs de toute autre signification.

» Les liquidateurs ont qualité pour remonter les filières en cas de revente, ou les descendre en cas de rachat, et régler successivement les différences entre les intéressés. »

Ce règlement semble consacrer le système de la liquidation par le bas, en commençant par le dernier endosseur, si la revente a été faite dans les délais réglementaires ; par le réceptionnaire défaillant, en tout autre cas. Ceci suppose un droit d'action du livreur contre le réceptionnaire défaillant ;

solution assez contestable, au cas au moins où l'on a arrêté la filière sur un endosseur absent de la réunion de liquidation (art. 15), ou qui a refusé l'endos, sans déclarer son intention de recevoir (art. 9). On devrait, semble-t-il, le considérer comme étranger à la filière.

En affirmant le droit d'action du livreur contre le dernier endosseur, le règlement ne lui dénie pas formellement le droit d'agir contre son acheteur, sans discussion préalable des endosseurs subséquents ; on peut donc se demander si la liquidation par le bas est obligatoire ou facultative, comme le voulait M. Pradines.

Le liquidateur devient, cela est convenu, le mandataire successif des endosseurs ; puis le créateur est responsable, après l'arrêt de la filière, des formalités successives de la revente ; mais qui représente-t-il, lorsqu'il *remonte la filière*, comme dit l'art. 22 ? Et que faut-il entendre par cette opération ? Une tentative amiable, sans doute, pour rentrer dans ses avances, pour toucher après la revente, le complément du prix porté sur la facture d'arrêt. Cette tentative ne peut être faite que pour le compte du livreur, puisqu'il aura ensuite action (art. 21) contre le dernier endosseur. Et dès lors, ne le représentait-il pas aussi, lorsqu'il faisait des avances aux différents endosseurs ?

Le règlement prend soin de consacrer, au cas de rachat, des solutions correspondantes, symétriques, pour ainsi dire, de celles qu'il donne pour le cas de revente ; liquidation par le haut, etc.

Le règlement des alcools ne contient rien qui puisse être invoqué à l'appui de l'un quelconque des systèmes existants.

Huiles. — Le règlement est assez clair, le liquidateur représente le créateur de la filière, et lui seul, à ce qu'il semble :

« Art. 7. — Les créateurs de filières sont responsables de la liquidation de ces filières, dans les conditions prévues par le marché d'huile. Ils peuvent confier ces filières à tels agents qu'il leur convient de choisir. »

« *Marché-type*. Art. 3°. — Les factures s'échangent en effectuant les endos, et se règlent au comptant.

» Si une facture n'est pas réglée à présentation, elle doit être retournée à son auteur, dans les trois jours francs de sa date, coïncidant avec celle de l'endos ; passé ce délai, les conséquences du retard incombent au créateur de la filière. »

D'après l'article 9, si, dans les trois jours francs de l'échéance d'une filière, le destinataire n'a pas usé de son droit de demander livraison de la marchandise, il perd son recours contre le cédant ; dans ce cas, le créateur de la filière et le destinataire restent seuls en présence.

Aucune clause ne consacrant un autre système, il y aurait lieu d'adopter celui de la Cour de Cassation. Le livreur aurait action contre son acheteur pour son prix ; contre tous les endosseurs, pour le montant des avances faites.

Rien, dans le règlement des blés, ne permet de s'écarter de ce même système.

Le règlement des farines est plus intéressant :

« Art. 43.— Le liquidateur, porteur de la filière, devient successivement le mandataire de chacun des endosseurs, *pour la seule transmission de la filière.* »

J'entends ces derniers mots, ajoutés en 1885, en ce sens : en tant que faisant aux endosseurs des avances, il représente le créateur de la filière.

« Art. 49. — ....Le courtier, procédant à la revente, en délivrera une attestation dans les vingt-quatre heures. Cette attestation, accompagnée de la facture, sera présentée, dans un autre délai de vingt-quatre heures, par le liquidateur, au nom du créateur de filière, au destinataire directement responsable et tenu au paiement immédiat, et, à défaut de paiement par ce dernier, aux cédants successifs également obligés dans l'ordre ascensionnel des engagements et comme tels

tenus de payer, à défaut par leurs cessionnaires de le faire
à présentation. »

C'est le système de la liquidation par le bas, et qui semble
présenté comme obligatoire.

La fin de l'article :

« Chaque *cessionnaire* jouira d'un délai de vingt-quatre
heures pour recourir contre son cédant, et, passé ce délai, il
sera forclos »,
contient évidemment une erreur; l'hypothèse est celle où le
réceptionnaire est défaillant; il ne peut y avoir lieu à recours
que de cédant à cessionnaire, ou, pour mieux dire, d'endosseur à endossé.

VII. — *Forme des recours à exercer.*

Dans tous les systèmes différents, chaque endosseur a, tout
le monde l'admet, contre celui qui le suit, ou contre celui
qui le précède, une action en réparation du dommage à lui
causé par l'inexécution qui provient du fait de celui que son
co-contractant s'est substitué dans son obligation de livrer ou
de recevoir.

Faudra-t-il considérer ces actions comme des demandes
principales, ou des demandes en garantie ; au premier cas,
on pourra joindre les diverses actions si elles sont également
en état et statuer sur elles toutes par un seul et même jugement, mais on ne pourra donner de délai à l'effet de faire
intervenir à l'instance un cessionnaire ultérieur.

La Cour de Cassation n'a pas eu à se prononcer ; dans son
système, cependant, le créateur de la filière ayant obtenu du
premier acheteur l'excédent du prix convenu sur le produit
de la revente, il y aurait lieu de voir dans les diverses actions
intentées autant de demandes principales ; chaque vendeur
intente l'action de vente contre son acheteur ; c'est là pour
moi l'opinion la plus exacte. La jurisprudence du Havre,
je l'ai dit, y est conforme. (En ce sens, à Paris, 5e Chambre,

Teulet et Camberlin, n°ˢ 10474 et 10724, et 27 mai 1884, *La Loi*, 6 décembre 1887.)

Les autres arrêts ont vu dans ces recours des actions en garantie (Camberlin, n°ˢ 10722, 10917; D, II, 161, 3ᵉ espèce).

Cette opinion doit être admise, logiquement, par les partisans du système admis par les 3ᵉ, 4ᵉ et 6ᵉ Chambres; il y a accession, par l'endossement, à un contrat spécial, innommé; les obligations successives sont liées les unes aux autres par leur origine; et si l'on admet qu'il y ait dette solidaire, il y a aussi unité d'objet.

VIII. — L'interprétation du règlement soulevait d'autres difficultés.

L'article 5 est ainsi conçu : « Dans le cas où le réceptionnaire refuserait d'accepter le bulletin d'arbitrage et de remplir les formalités de la prise de livraison et du paiement, *le vendeur devra faire revendre la marchandise offerte en livraison à la première Bourse du lendemain, après avis préalable et affichage à la Bourse,* et aux frais et risques de qui il appartiendrait. »

En principe (1657, C. C.), la résolution a lieu de plein droit et sans sommation; l'article 5, qui exige un avis préalable, doit, étant exorbitant du droit commun, être entendu restrictivement. Rationnellement, l'avis doit être donné au réceptionnaire chargé en dernier lieu de prendre livraison. Et la lecture de l'article confirme cette induction ; il met le réceptionnaire, et lui seul, en présence du livreur. Il faut donc trancher cette première difficulté en disant que *la mise en demeure préalable à la revente doit être adressée au réceptionnaire et à lui seul* (4ᵉ Chambre, 10 avril 1885 et 7ᵉ Chambre, 12 juin 1886 ; *La Loi*, 28 avril 1885 et 10 juillet 1886 ; Contra, 2ᵉ Chambre, 2 juin 1886, *La Loi*, 14 juillet 1886).

Ce même article 5 fixe un délai, et d'une manière impérative ; la revente doit avoir lieu à la première bourse du lendemain. *Quid* si elle est tardive ? On a essayé de soutenir qu'il devait y avoir déchéance du droit, pour le livreur, de réclamer des dommages-intérêts à raison de l'inexécution. « L'interprétation contraire du marché-type conduit à l'arbitraire, et ne soumet le vendeur à aucune règle de délai ; il pourrait ainsi, à sa volonté, spéculer, sans contre-partie sur les variations des cours, et fausser les obligations auxquelles ses contractants ont eu l'intention de se soumettre. » (2ᵉ Ch. 2 juin 1886, précité. — De même Seine, Camberlin, n° 10921).

La théorie inverse n'a jamais admis, la 2ᵉ chambre aurait dû le reconnaître, que le livreur puisse, en procédant tardivement à la revente, spéculer aux risques et périls de ceux contre qui il a recours. La disposition du règlement est impérative : lorsqu'elle a été violée par le livreur il n'en doit résulter aucun préjudice pour les autres membres de la filière. La somme qu'il pourra réclamer sera diminuée de toute la différence des cours, s'il y a eu baisse depuis le jour où il aurait dû revendre. Si même le retard dans la revente lui avait enlevé la possibilité d'un recours utile contre un autre endosseur, devenu insolvable, l'endosseur actionné trouverait dans ce fait une base suffisante pour repousser l'action du livreur.

D'où il résulte que le retard ne peut préjudicier aux autres membres de la filière : il pourra leur servir : s'il y a hausse cela est évident : puis on se basera, pour fixer l'indemnité, sur le cours du jour où la revente aurait dû avoir lieu, cours que l'offre d'une quantité peut-être considérable de marchandises aurait pu faire fléchir.

Mais la *tardiveté de la revente n'entraînera pas déchéance* : rien n'indique que le délai soit fatal, et les déchéances ne se suppléent pas.

Les décisions sont nombreuses en ce sens (Voir *La Loi* du 14 janv. 1883 ; 28 avril 1885 ; Camberlin, n°ˢ 10725, 10917, 10921).

Reste enfin la question de la *spécification de la marchandise dans les reventes.*

C'est, aux termes de l'art. 5, *la marchandise offerte en livraison* qu'il faut revendre en Bourse. Que faut-il entendre par là ?

La filière, je l'ai dit, spécialise la marchandise ; elle porte les numéros d'entrée des sucres et le visa de l'entrepôt : faudra-t-il, pour que la revente soit considérée comme régulière, que le procès-verbal mentionne les numéros mêmes portés par les filières ?

On peut citer, pour l'affirmative, un jugement du tribunal de la Seine (Camberlin, n° 10921). Mais l'art. 8 du règlement permet de livrer « par une autre filière, ou par un sucre en entrepôt autre que celui dont le numéro d'entrepôt est indiqué sur la filière arrêtée ». Il suffira donc que la revente ait porté sur des sucres du même type, et qu'il soit prouvé que le livreur en avait bien en entrepôt la quantité voulue (*La Loi* 23 mars 1885 ; 28 avril 1885 ; 12 juin 1886).

IX. — Ces dernières questions d'interprétation du règlement en ce qui touche certaines formalités sont faciles à trancher, faciles à éviter aussi en adoptant un mode de rédaction un peu plus explicite.

Les difficultés qui surgissent du mécanisme de la filière, des diverses manières dont on peut concevoir le rôle du liquidateur, et les conventions intervenues entre les membres de la filière pendant sa circulation, sont au contraire de nature à se renouveler indéfiniment. Il n'est à l'heure actuelle aucun règlement qui les prévoie toutes et les tranche nettement.

Et d'autre part, de l'examen des principaux règlements, il ressort nettement ceci, que le système de la Cour de Cassation, conforme à la jurisprudence du Havre et de Marseille, et qui constate, en somme, le droit commun en matière de filières, ne peut être appliqué actuellement.

Toute la difficulté vient, je crois l'avoir suffisamment montré, du mode de liquidation admis, des avances faites lors de la circulation de la filière.

N'est-il pas permis, en conséquence, de souhaiter l'adoption à Paris de la Caisse de liquidation comme intermédiaire habituel, ou au moins du système de règlement adopté à New-York et au Havre : paiement par le réceptionnaire sur la base d'un cours donné, règlement de différences entre les membres de la filière sur cette même base ; pas de liquidateur, pas d'avances à faire ; action, le cas échéant, contre ceux seulement avec qui on a traité.

CHAPITRE VIII

Il serait difficile, dans une étude consacrée aux marchés à terme, de passer entièrement sous silence la célèbre question de l'exception de jeu, qui ne rentre pas directement dans mon sujet. Dans les nombreux ouvrages qui lui ont été consacrés, dans les discussions parlementaires qui ont eu lieu à son sujet, les marchés à terme sur les effets publics et autres semblent avoir toujours attiré principalement l'attention : on condamnait ou défendait les ventes à livrer d'une manière accessoire, et comme par voie de conséquence.

Il y a donc intérêt à examiner comment la question se posait à leur égard, au point de vue juridique ; à se demander à quels traits on distinguait — on peut avoir encore à distinguer aujourd'hui les opérations autorisées par la loi de celles où elle ne voit qu'un simple pari : examinant plus loin les usages divers auxquels peuvent servir les marchés à terme, j'aurai l'occasion de me demander si les distinctions admises, autrefois et à l'heure actuelle, par les différentes législations, sont exactes : s'il est possible de trouver un critérium pratique : si, enfin, l'appréciation de la jurisprudence offre des garanties sérieuses d'exactitude.

I. — Au point de vue purement juridique, la question de

la légalité des marchés à terme ne se posait pas de la même manière, selon qu'il s'agissait d'effets publics ou autres ou de marchandises. La législation antérieure au Code civil n'avait jamais visé que les transactions faites sur les effets publics. Il faut cependant excepter la loi du 13 fructidor an III, dont voici l'art. 3 : « tout homme qui sera convaincu d'avoir vendu des marchandises et effets dont, au moment de la vente, il ne serait pas propriétaire, est aussi déclaré *agioteur*, et puni comme tel. »

La *vente à découvert* était donc seule réprimée : l'acheteur ne pouvait être poursuivi.

Cette loi a été abrogée par le code pénal, art. 484.

Et l'on n'a pu s'appuyer, pour appliquer l'exception de jeu aux marchés à terme en marchandises, que sur l'art. 1965 du code civil : *la loi n'accorde aucune action pour une dette de jeu ou le paiement d'un pari.*

Etait-ce là une base suffisante ? Je ne le pense pas.

Les déclarations de Portalis, Duveyrier et Siméon ne laissent, je le rappelle, aucun doute sur leur intention : ils n'ont entendu proscrire le jeu, le pari qu'en prenant ces deux mots au sens vulgaire.

Pour permettre au juge de voir quelquefois un pari dans un marché à terme d'effets publics, il a fallu un texte spécial, l'art. 422 du code pénal : Sera réputée pari de ce genre toute convention de vendre ou de livrer des effets publics qui ne seront pas prouvés par le vendeur avoir existé à sa disposition au temps de la convention, ou avoir dû s'y trouver au temps de la livraison.

A défaut d'un texte analogue, la jurisprudence ne saurait voir dans des marchés à terme en marchandises des opérations de jeu, des paris.

Cette argumentation très simple[1] n'a jamais, que je sache, été réfutée d'une manière satisfaisante.

1. M. BÉDARRIDE, *Revue critique*, 1857.

Quoi qu'il en soit, une jurisprudence ancienne, et fermement établie, permettait l'annulation des marchés à terme en marchandises en vertu de l'art. 1965, malgré la résistance des tribunaux de commerce.

Quelles étaient les conditions exigées?

Il fallait d'abord que l'opération ne fût pas sérieuse, disent les arrêts : mais ils ont beaucoup varié sur l'appréciation des circonstances qui enlevaient à l'opération son caractère de marché sérieux.

Beaucoup d'arrêts s'attachaient surtout à l'importance de l'opération, eu égard à la position de fortune de celui qui la faisait. D'autres, à l'intention probable, de ne pas exécuter l'opération, de ne régler que par différences : cette intention a dû exister dès le moment du contrat.

Ce deuxième élément se combine souvent avec le premier : il peut évidemment s'en déduire, lorsque telle est l'importance de l'opération, qu'il s'en dégage l'impossibilité de l'exécution par voie de livraison.

La jurisprudence est à peu près unanime à exiger que celui auquel on oppose l'exception de jeu, contractant ou commissionnaire, n'ait pas été de bonne foi, qu'il ait connu les moyens du spéculateur ou son intention de ne régler que par différences.

Elle n'a jamais exigé, qu'on le remarque, la preuve d'une convention formelle entre les parties, constituant un véritable droit de ne pas livrer ou prendre livraison.

Et je crois qu'il est permis de dire qu'en fait elle considérait assez facilement comme établies les circonstances qui permettaient de se dérober à ses engagements.

Cependant des protestations nombreuses se faisaient jour.

Un parère de 1824, rédigé au lendemain du fameux arrêt Forbin-Janson, marquait le début d'une campagne entreprise par le monde des affaires contre le régime de l'exception de jeu. Il était suivi en 1842 d'un second parère et, le 8 février

1882, d'une déclaration de la Chambre de commerce de Paris. Des discussions parlementaires avaient lieu à la Chambre en 1826 et 1832, au Sénat en 1864. En 1843, 1856, 1867, des commissions parlementaires, nommées pour étudier la question, concluaient à la nécessité d'une réforme.

Les livres, les articles de revue abondaient; il suffit de citer ici les noms de MM. Bozérian, Bédarride, Courtois, Rendu. Les ouvrages de MM. Badon Pascal et Mettetal reconstituaient l'historique de la question et donnaient quelque idée des législations étrangères.

Après le krach de 1882, la question, qui n'avait jamais cessé d'être à l'ordre du jour, fut plus vivement agitée que jamais. Il semble que plusieurs agents de change, ayant craint de se voir opposer par leurs clients, spéculateurs à la hausse, l'exception de jeu, aient refusé les ordres d'achat, et que la baisse s'en soit trouvée précipitée, aggravée.

Les projets de MM. Naquet, Janvier de la Motte, Ballue, Waldeck-Rousseau et Félix Faure, furent successivement pris en considération ; une rédaction adoptée par la Chambre fut amendée par le Sénat. La Chambre accepta la modification faite.

II. — Au point de vue des marchés à terme sur marchandises, tout l'intérêt de la loi du 28 mars 1885 réside dans son art. 1er :

Tous marchés à terme sur effets publics et autres, tous marchés à livrer sur denrées et marchandises sont reconnus légaux. Nul ne peut, pour se soustraire aux obligations qui en résultent, se prévaloir de l'art. 1965 du Code civil, lors même qu'ils se résoudraient par le paiement d'une simple différence.

Quelle en est au juste la portée ?

Dans l'article 1er, le texte adopté par la Chambre portait ces mots : « lors même que les marchés *devraient se résoudre*

par le simple paiement d'une différence. » La commission du
Sénat supprima ces mots et les remplaça par ceux-ci : *se ré-*
soudraient. Le rapport de M. Naquet nous donne la raison
d'être de cette modification. Par la première rédaction, on aurait validé « non seulement les vrais marchés, mais encore
des conventions nouvelles, inconnues jusqu'ici, innommées,
que l'on ne saurait assimiler à un marché, et par lesquelles,
au moment même de la transaction, les parties s'engageraient
par écrit à ne pas exiger la livraison, et à résoudre l'opération par le simple paiement d'une différence. » On n'a voulu
ni valider ces conventions, ni les frapper d'une condamnation
générale ; on les laisse en dehors de la loi.

Et, à bien voir les choses, on refuse deux fois de les comprendre dans la formule de la loi, en faisant subir au texte la
modification que j'ai indiquée et en leur déniant la qualité de
marchés.

Une jurisprudence désireuse de s'inspirer de l'esprit du
législateur devra sans doute, tenant compte des travaux préparatoires, ne considérer l'exception de jeu comme applicable
que dans le cas où l'on sera convenu *par écrit* de régler par
différences, au moment même où la convention a été conclue.
Et même alors, elle devra rechercher si l'intention des parties a été de conclure un marché sérieux.

On peut craindre cependant qu'il n'y ait eu imprudence
commise.

Malgré les termes du rapport, les tribunaux peuvent être
tentés de considérer une telle exclusion comme une condamnation sommaire : ne pas examiner, la preuve une fois
acquise de la convention écrite, s'il n'y a pas intention
sérieuse. Leur examen peut enfin les amener, sur une
question aussi délicate, à l'une de ces erreurs qui semblent
avoir été fréquentes dans l'ancienne jurisprudence de l'exception de jeu.

Il y a même plus, et comme le faisait finement remarquer

M. Lyon-Caen avant le vote définitif (*La Loi* 4 mars 1885), la décision n'est pas tout à fait impossible à supposer, qui dénierait à la loi votée toute portée. Si, pourrait-on dire à la rigueur, la rédaction de la loi laisse en dehors d'elle les marchés contenant une convention écrite de règlement par différences, elle exclut tout aussi bien ceux où l'intention des parties, de ne pas procéder à la livraison, résulterait d'une simple convention verbale, ou même des circonstances de fait. Or la jurisprudence générale, au moins dans ces derniers temps, refusait l'exception de jeu en dehors de ce cas.

Je pense cependant que cette thèse est peu de nature à être soutenue par les tribunaux, et que, le cas échéant, la Cour de Cassation saurait très certainement faire respecter les intentions du législateur.

Peuvent donc seuls être annulés, en vertu de l'article 1965, les marchés renfermant *une convention écrite de ne régler que par différences*. Et il résulte des travaux préparatoires que les tribunaux doivent déterminer par un examen sérieux le caractère de l'opération, tandis que notre ancienne jurisprudence a toujours vu dans l'intention de ne pas opérer de livraison une preuve suffisante que le marché ne pouvait être considéré comme sérieux.

III. — C'est aussi là, semble-t-il, le point de vue de tout un groupe de législations.

L'acte de 1734 qui a prohibé en Angleterre les ventes à découvert ne s'appliquait qu'aux opérations sur effets publics. On semble n'avoir pas mis en question cette doctrine, que la vente de marchandises ne devient pas un pari par ce seul fait que le vendeur n'a pas en sa possession les marchandises vendues au moment du contrat, jusqu'en 1822 : à cette époque, lord Tenterden, en deux procès successifs, posa cette règle, qu'on ne saurait voir qu'un pari dans une telle opération, à moins que le vendeur n'ait des raisons sérieuses de croire qu'il recevra les marchandises avant le terme fixé, au lieu d'avoir simplement l'intention de les acheter en bourse. Cette doctrine, très contestée dès l'origine, fut définitivement rejetée en 1839.

Mais les statuts de 1845 et 1860 maintiennent la nullité des contrats qui forment des paris (8-9 Vict. C. 109 S. 18). La doctrine entend par là tout contrat qui ne doit aboutir qu'à un règlement de différences. Mais la jurisprudence semble disposer à sanctionner sans distinction les opérations faites, tant au moins dans les rapports du commissionnaire et du commettant.

Aux Etats-Unis, les Cours des divers Etats se prononcèrent en des sens différents : mais en 1884, la question se trouva portée devant la Cour Suprême, qui constata en ces termes quelle était la *common law*, le droit commun, applicable en l'absence de décisions contraires des législations particulières : « Le marché à terme est valable, même lorsque le vendeur ne possède pas les marchandises vendues ni aucun autre moyen de se les procurer que l'achat sur le marché : mais ce marché n'est valable qu'autant que l'intention, et la convention des parties est que les marchandises soient livrées, et le prix payé » (Benjamin *On Sales*, § 541-2).

En Belgique, les articles 421 et 422 du Code pénal ont été abrogés, la jurisprudence, avec les mêmes textes qu'en France, applique l'article 1965 lorsqu'on arrive à démontrer l'intention, contemporaine au contrat, de ne régler que par différences.

En Allemagne, il faut qu'il y ait eu convention formelle en ce sens. (Cour suprême, 4 juin 1872 ; Francfort-sur-le-Mein, 16 février 1876.)

Un autre groupe de législations ne distingue pas, et refuse l'exception de jeu, même lorsque l'opération n'aurait pour objet que le paiement de différences.

Italie. — Loi du 13 sept. 1876, art. 4 : Pour les contrats à terme, s'ils ont été stipulés dans les formes prescrites par la loi, il est donné une action en justice, alors même qu'ils n'auraient pour objet que le paiement de différences.

L'article 13 de la loi autrichienne du 1er avril 1875 n'est pas moins formel.

En Espagne, l'article 4 du décret du 12 mars 1875 ne mentionne pas expressément les contrats différentiels, mais il s'y applique, car il vise tous les marchés à terme publiés en Bourse.

Des deux systèmes législatifs, lequel faut-il préférer ?

J'avoue que mes sympathies sont pour le second. Je comprendrais un système qui annulerait les marchés devant se résoudre en un paiement de différences, à deux conditions : la première serait l'existence d'une convention écrite, permettant de ne pas opérer la livraison, de manière à ramener à une constatation simple et de pur fait le pouvoir des tribunaux ; la seconde serait qu'il fût bien démontré qu'une opération de la sorte ne peut être sérieuse.

La Commission du Sénat ne semble pas l'avoir admis, elle paraît même avoir adopté le point de vue opposé.

IV. — Mais tout d'abord, comment distinguer une opération sérieuse de celle qui ne l'est pas, la spéculation du jeu ?

Il est assez essentiel de le savoir, car les mêmes auteurs, qui n'ont pas assez de sévérité pour le jeu, font l'éloge de la spéculation.

Le socialiste Proudhon, qui n'est pas suspect, en parle en termes lyriques :

« La spéculation, c'est le génie de la découverte... Toujours en éveil, inépuisable dans ses ressources, méfiante dans la prospérité, intrépide dans les revers, elle avise, conçoit, raisonne, définit, organise, commande, légifère ; le capital, le travail exécutent. Elle est la tête, ils sont les membres ;

elle marche en souveraine, ils suivent en esclaves. Son action est universelle. »

Voilà qui est fort bien ; mais la plupart des savants juris-consultes et économistes qui ont répété qu'il fallait frapper le jeu, mais épargner la spéculation — et qui s'entendaient sans doute très bien — ont gardé leur secret ; ils ne nous ont pas révélé leur criterium, qui aurait été utile à la jurisprudence de l'exception de jeu.

Faut-il s'adresser aux commerçants ? On peut craindre qu'ils ne soient trop indulgents ; et aussi que chacun d'entre eux, en absolvant ses propres opérations, ne soit porté à condamner celles du voisin. Il serait certainement difficile de résumer exactement l'opinion du commerce sur ce qu'on doit entendre par affaires légitimes.

Je crois que pour la masse du public, il commence à y avoir jeu et il cesse d'y avoir spéculation lorsque les gains sont trop considérables en proportion du capital engagé ; ce qui n'est pas dénué de bon sens, mais semble un peu grossier comme base de distinction.

Les théoriciens n'ont jamais trouvé de formule plus précise que la suivante, proposée par M. Naquet dans son rapport au Sénat.

« On l'avait assimilée au jeu parce qu'elle renferme, comme le jeu, un élément aléatoire ; on a reconnu depuis qu'elle s'en distingue essentiellement ; l'aléa n'intervient ici que d'une manière accessoire. Tous les ressorts de l'intelligence sont mis en œuvre. Dans le jeu, au contraire, l'aléa subsiste seul. De plus, tandis que le jeu est stérile et malfaisant, la spéculation est utile et nécessaire. »

Cela n'est pas bien net, ni peut-être bien exact ; car si le rôle joué par l'aléa était si faible, tout négociant sérieux et bien informé devrait, à la fin de chaque année, se trouver en bénéfice sur l'ensemble de ses opérations, et chacun sait qu'il n'en est pas ainsi.

V. — Du reste, les auteurs de la loi de 1885 semblent avoir reconnu la difficulté qu'il y avait à faire la distinction, en fait, et y avoir trouvé une des raisons d'être de la réforme.

On pourrait résumer en deux ou trois points leur raisonnement :

1° Grâce aux erreurs inévitables de la jurisprudence, l'exception de jeu sort de son rôle, et. atteint souvent la spéculation.

2° Le meilleur moyen de décourager les joueurs est de les obliger à tenir leurs engagements. « Ne suffit-il pas d'ailleurs de constater, en fait, que l'exception de jeu n'a ni supprimé, ni diminué le jeu, et, en raison, qu'on ne le décourage pas en proclamant que, si l'on peut ne pas gagner par la mauvaise foi de celui qui a perdu, on peut toujours ne pas perdre, grâce à sa mauvaise foi propre. » (Projet Waldeck-Rousseau et Félix Faure. Exposé des motifs).

3° Enfin, l'argument moral : « l'art. 1965 a produit deux effets qu'il ne visait pas, tous deux déplorables et plus immoraux par leurs conséquences que le jeu lui-même ; l'un est de n'offrir d'asile qu'à la mauvaise foi qui refuse de payer la dette, l'autre est d'avoir créé le funeste préjugé des dettes d'honneur, par suite duquel la dette la moins honorable devient la plus sacrée » (M. de Courcy. *Revue critique*, 1882).

En somme, de deux maux on choisit le moindre, et la loi nouvelle n'exclut pas chez un grand nombre de ses auteurs cette idée, qu'en réalité la plupart des marchés à terme sont des opérations de jeu. De même à l'étranger ; mais la distinction a semblé impossible à faire entre les opérations diverses. En un cas seulement, auquel je reviens, la législation ou la jurisprudence de certains pays ont cru qu'il n'y avait pas à hésiter ; l'intention des parties (suivant les pays, on se montre plus ou moins difficile sur la question de preuve) avait été de ne régler que par différences. Il ne pouvait y avoir là qu'un pur et simple pari.

Pour bannir l'arbitraire, la commission du Sénat a voulu qu'il y eût convention écrite entre les parties ; de plus, elle n'a pas voulu condamner ces opérations, mais en laisser l'appréciation à la jurisprudence ; un exemple, invoqué devant elle, l'avait convaincue que de telles opérations pouvaient être sérieuses.

Une étude approfondie de la situation d'une société quelconque a convaincu un spéculateur que les actions de la société étaient à un cours trop élevé ; la baisse est très probable. Il vendrait bien à terme, purement et simplement, mais il craint que, l'opération étant connue, une entente entre les détenteurs des titres ne permette de lui imposer, au moment de la livraison, des prix sans rapport avec le cours normal ; il stipule donc un simple règlement par différences, sur la base du cours officiel au jour indiqué pour la livraison, l'opération n'en reste pas moins sérieuse.

Cet exemple n'est pas parfait ; si on voit très nettement le raisonnement du vendeur, on n'aperçoit pas aussi bien celui de l'acheteur ; il suffit que l'opération soit, de son côté, un pari, pour qu'elle soit nulle, si l'autre partie s'en est rendu compte. A moins qu'il n'ait également, et non moins sérieusement étudié l'affaire, et ne soit arrivé à des conclusions directement opposées à celles du vendeur, ce qui, après tout, n'a rien d'invraisemblable.

En étudiant, plus loin, quelques-unes des combinaisons les plus sérieuses auxquelles se prêtent les marchés à terme, je rencontrerai bien des situations dans lesquelles le vendeur ou l'acheteur à terme a très certainement, dès le début de l'opération, l'intention de revendre ou de racheter avant la livraison : un contrat devant se régler par différences serait donc admissible, et remplirait, à ce qu'il semble tout d'abord, aussi bien son but. Il n'en est pas ainsi, cependant ; le règlement par différences aurait lieu à une date fixée à l'avance ; le vendeur ou l'acheteur à terme garde au contraire la liberté

de ses mouvements ; il peut racheter ou revendre quand il le
veut, ce qui est nécessaire, le plus souvent, pour menor à
bonne fin l'opération entreprise. Aussi les marchés différentiels ne présentent-ils guère qu'un intérêt théorique.

VI. — En regard du courant d'idées favorables à la liberté
des marchés à terme, qui semble prédominant en Europe, et
dont j'ai constaté les résultats législatifs, il existe un courant contraire, dont il convient de ne pas trop rabaisser
l'importance.

En France même, il n'est pas impossible d'en trouver des
manifestations. En 1882, au moment où la Chambre prenait
en considération les propositions Naquet et Janvier de la
Motte, M. Lagrange déposait un projet de loi tendant à interdire les marchés à découvert, je pourrais multiplier les
exemples, en mettant la presse à contribution ; et un négociant du Havre, M. de Lacerda, exprime énergiquement les
mêmes tendances dans une brochure intitulée : *La Crise
Économique due aux affaires à termes*, dont je ne citerai
que quelques mots :

« Nous ne pouvons, quant à nous, que déplorer cette
regrettable tolérance, dont on use envers les vendeurs à découvert ; car l'intérêt général est le moindre des soucis du spéculateur termiste, pour qui acheter, ou vendre, à terme, est la
même chose que de jouer sur la rouge et la noire : mais ici,
il ne faut pas oublier que le banquier, contre lequel il ponte,
est la société humaine et qu'il est du devoir des gouverne-
ments de la protéger. »

En Angleterre les attaques sont assez vives. Plus souvent
qu'on n'est porté à le croire en France, des tentatives s'y produisent pour restreindre la liberté commerciale. On se souvient
du projet présenté par M. Chamberlain, pour interdire l'exagération des valeurs dans les assurances maritimes ; il invo-
quait l'exemple de la France, au moment même où l'on y

réclamait une réforme législative, en citant la législation anglaise (M. de Courcy, *Revue critique*, 1883).

Le *Mark Lane Express* déclare que « les marchés à terme sont faits de manière à permettre un simple règlement de différences, sans qu'on ait jamais eu l'intention de livrer la marchandise ; le vendeur ne la possède pas, l'acheteur n'a pas l'intention de recevoir. »

Et la *Saint-James-Gazette* demande « à quel point exact le commerce légitime se transforme subitement en une spéculation insensée, nuisible au plus haut point aux intérêts généraux, et qui entraîne des pertes ou la ruine pour des milliers d'innocents ».

En Amérique, de semblables assertions sont fréquentes.

« Le temps viendra, disait en juin dernier la *Tribune*, de New-York, où l'opinion publique assagie, considérera la spéculation sur les denrées alimentaires comme contraire au bien public, et le spéculateur en graines comme un ennemi du producteur américain. »

Et au mois d'août, le *Commercial Advertiser*, de Buffalo, déclarait que « certains petits jeux, en vogue dans les centres commerciaux, en Amérique, avaient fait des bourses des villes principales autant de maisons de jeu. Parmi ces pratiques immorales, ajoutait-il, sont les marchés à terme, les *options*, les ventes et achats soldés par des paiements de marges, sans transfert de marchandise ».

Il y a plus : les législatures de certains Etats se sont émues, elles ont récemment édicté des statuts modifiant, au point de vue de la légalité des marchés à terme, la *common law* telle que je l'ai constatée. Il en a été ainsi dans les Etats de l'Arkansas, du Mississipi, de l'Ohio, ce dernier Etat renfermant deux grands marchés commerciaux, Cleveland et Cincinnati. Je citerai enfin la législation qui est en vigueur dans l'Illinois et qui régit, par conséquent, les marchés passés à Chicago.

Le moyen employé par elle est énergique : c'est le code criminel, section 130, qui interdit toutes les transactions comprises sous le nom d'*options*, c'est-à-dire à prime ou avec faculté, tant sur les valeurs mobilières que sur les graines et autres marchandises. L'application stricte de la loi viderait les Bourses de Chicago et remplirait ses prisons. Aussi les habitudes, les mœurs sont-elles les plus fortes. La Chambre de commerce a interdit, pour la forme, ces opérations. La loi répressive est énervée par la complicité des magistrats. Dans un cas récent, où il avait été vendu, avec prime pour l'acheteur, 1786 actions d'une compagnie de chemin de fer, à 600 dollars par action, le juge, avouant que la loi, prise à la lettre, s'appliquait à l'opération intervenue, concluait que son esprit ne permettait pas de la considérer comme illicite (*New-York Herald*, 27 sept. 1887).

N'est-il pas curieux de constater, dans cette Amérique que nous tendons à considérer comme la terre classique de la liberté commerciale, des idées analogues à celles qui avaient cours chez nous sous la Révolution, à l'égard des spéculateurs en grains, et, pour supprimer les excès de la spéculation, un appel aux mêmes moyens, à des dispositions pénales ?

De l'examen auquel je vais me livrer des diverses combinaisons auxquelles se prêtent les marchés à terme, je déduirai ma réponse à cette question : Y a-t-il lieu d'interdire ou d'annuler une ou plusieurs catégories de marchés ?

CHAPITRE IX

I. — Il est certains raisonnements auxquels on revient
volontiers, lorsqu'on veut légitimer les marchés à terme.

Un capitaliste attend une rentrée importante : le prix d'une
maison doit lui être versé, des obligations lui seront remboursées à la fin du mois. Il veut placer son argent dans le 3 0/0,
amortissable, dont les cours actuels lui conviennent : pour
s'en assurer le bénéfice, il achète fin courant. On peut supposer que son vendeur aura, à la même date, un paiement à
faire, et qu'il craint la baisse.

De même pour les affaires en marchandises : l'acheteur veut
s'approvisionner, le vendeur livrera une marchandise qu'il
a achetée livrable par navire, et qui doit arriver avant le
terme prévu.

S'en tenir là serait avoir une vue par trop simplifiée des
choses, et donner l'apparence d'une justification aux dispositions légales et aux décisions de jurisprudence qui ont exigé
chez le vendeur sinon la certitude, au moins l'attente raisonnée d'une livraison qui le mette en état de remplir ses
engagements.

Ce serait ignorer les combinaisons multiples, infiniment variées qui tiennent une si grande place dans le commerce de banque et surtout dans celui des marchandises, et que l'on réunit ordinairement sous le nom d'*arbitrages*.

Tous les arbitrages présentent certains caractères : pluralité des opérations simples qui composent l'arbitrage ; faible proportion de pertes et de bénéfices, relativement à l'importance totale des transactions ; nécessité d'une abondance d'informations, d'une précision d'exécution telles que les commerçants de profession seuls peuvent les entreprendre. Enfin, comme il résultéra de ce qui va suivre, il n'y a spéculation ni à la hausse, ni à la baisse de la marchandise.

II. — J'ai supposé tout à l'heure la vente faite à terme, par un négociant, en vue d'une quantité de marchandises qu'il a achetée livrable par navire. La marchandise arrive en temps voulu, il livre, rien n'est plus élémentaire, et la combinaison est de nature à se présenter souvent.

Il se peut aussi que, le navire arrivant en temps utile, le négociant préfère ne pas livrer sa marchandise en exécution de son marché à terme. Il s'agit de coton, et les balles reçues sont bien livrables à terme, mais la soie est bonne : en conservant la marchandise, en la vendant sur échantillon, de gré à gré, on arrivera à faire payer cette qualité supérieure dont les arbitres ne tiennent compte que d'une manière limitée. Au lieu donc de la livrer, le propriétaire de la marchandise la conserve ; il rachète ses contrats purement et simplement, ou se fait reporter s'il préfère conserver sa marchandise *arbitrée*.

De la marchandise est arbitrée lorsque son propriétaire, ou celui à qui livraison est due par contrat, a vendu à terme pour éviter de courir les risques de hausse et de baisse.

Dans mon hypothèse, voici les chiffres qu'on pourrait supposer.

Un négociant du Havre a reçu par dépêche une offre de vente, livrable par navire, low Middling très bonne soie; il a calculé que, tous frais payés, la marchandise lui reviendrait à 65 francs, rendue au Havre, où il compte la recevoir en juin; un courtier, consulté, croit trouver un acheteur à terme sur juin à 65; le négociant évalue la valeur donnée au coton par la très bonne soie à 1 franc ou 1 fr. 50; il compte donc pouvoir tirer 66 francs ou 66 fr. 50 de ce qu'il a acheté 65 francs; il achète simultanément à la Nouvelle-Orléans et vend au Havre à terme, la même quantité à 65 francs.

Dès lors, sa marchandise est arbitrée, il *s'est assuré un prix*; ce prix, c'est celui de 66 ou 66.50, s'il compte livrer, à terme la marchandise achetée, et si la décision des arbitres remplit son attente; c'est, s'il préfère vendre en disponible, un prix quelconque, supérieur de 1 franc ou 1 fr. 50 au cours du terme au même moment. Je suppose, en ce cas, qu'il y ait eu 3 francs de hausse entre le moment où il opéré et le mois de juin; à envisager séparément la vente faite à terme sur le mois de juin, il en résulte pour lui une perte de 3 francs, et telle est la différence à payer, lorsqu'au lieu de faire livraison, il rachète son terme. Mais sa marchandise représente 3 francs de plus que lorsqu'il l'a achetée. S'il croit à la hausse ou espère revendre dans un bref délai, il rachètera son terme purement et simplement; s'il en est autrement, il se fera reporter sur le mois suivant, et restera, de même que précédemment, indifférent à la hausse et à la baisse; la marchandise arbitrée lorsqu'elle était livrable, reste arbitrée comme marchandise disponible. Et à tous moments, depuis le début de l'opération, le propriétaire de la marchandise a pu entrer en pourparlers pour la vente de la marchandise, sans avoir autre chose à considérer, que de savoir si les offres faites tenaient un compte suffisant de la qualité de la marchandise.

Telle est, sous sa forme simple, l'opération, que l'on pourrait appeler *arbitrage à l'importation*; il a pour objet, si l'on examine avec soin ses éléments, *l'assurance d'un prix.*

III. — Une autre catégorie d'arbitrages est basée sur les *cours relatifs* de deux marchandises différentes.

On sait combien cette sorte d'arbitrages est fréquente sur les valeurs de Bourse.

Une hausse de 3 francs a eu lieu sur le 3 0/0 français; les fonds italiens n'ont pas bougé; l'arbitragiste achète de l'italien et vend de la rente française. Ce qu'il prévoit, j'insiste sur ce point, c'est moins, à proprement parler, une hausse des fonds italiens qui apparaît cependant comme probable, qu'un *rapprochement des cours des deux valeurs* : un événement peut intervenir, qui intimide le marché, et fasse de la baisse; l'arbitragiste n'en restera pas moins en bénéfice si ses vues sont justes, si l'écart entre les cours des deux valeurs est anormal. La hausse ou la baisse absolue lui sont indifférentes, ce qui l'intéresse, c'est la situation relative des deux valeurs objets de l'opération.

Ceci suppose, entre les prix de deux valeurs, une relation, un rapport logique; ce rapport existe toujours entre deux valeurs mobilières quelconques; le raisonnement du spéculateur peut toujours trouver que l'écart entre les cours est trop faible ou trop grand, deux choses étant considérées, la sécurité et le taux de capitalisation offerts. Il apparaît infiniment plus net entre deux fonds d'États différents, du même État, deux valeurs de sociétés analogues, etc.

Les tendances générales au renchérissement des choses ou à l'avilissement des prix sont vagues au point d'être négligeables; mais on constate entre des marchandises de même nature, — mais de qualités différentes — ou entre des marchandises diverses, des rapports très positifs, très apparents.

Du coton d'Amérique supérieur ou inférieur à la qualité

livrable à terme, a, vis-à-vis du Low Middling, un écart de prix normal.

De même pour le coton de l'Inde, inférieur au coton américain, et qui ne répond pas exactement aux mêmes emplois industriels.

Et entre les prix du blé et de la farine, du coton et des filés, la relation est évidente.

De là la possibilité d'opérations analogues à celle que je viens de décrire et basées sur des opérations à terme. On compte à un même moment revendre la marchandise achetée, racheter la marchandise vendue, et gagner plus d'un côté qu'on ne perd de l'autre; et ceci aussitôt que l'écart des prix aura diminué ou augmenté, conformément à l'attente du spéculateur aussitôt que les risques deviendront trop grands, si au contraire ses espérances sont déçues.

IV. — Les prix des marchandises sur les divers marchés tendent perpétuellement à un certain équilibre, dont ils se rapprochent toujours, après des variations dues à des situations anormales.

Ici, équilibre ne veut pas dire uniformité, le transport de la marchandise étant un des éléments principaux de son prix de revient: et c'est là une différence avec les valeurs de bourse : pour elles, le prix du transport est de nulle importance proportionnellement au capital représenté.

Lorsque l'équilibre est rompu, l'écart entre les cours d'une même marchandise à terme, sur un même mois, et sur deux marchés différents, étant trop faible ou trop considérable, une opération semble indiquée; achat à terme sur un marché, vente sur l'autre, de la même quantité et du même mois, réalisation, des deux côtés à la fois, une fois l'équilibre à peu près rétabli.

Ici encore, il n'y a spéculation ni à la hausse, ni à la baisse de la marchandise, l'arbitragiste peut croire à la hausse ou à la baisse, mais ce qui lui importe, ce à quoi il s'attend, c'est que, suivant l'événement, le café monte plus ou baisse moins au Havre qu'à New-York, ou le contraire.

V. — Je citerai enfin l'arbitrage entre deux mois, par suite de circonstances quelconques, il y a un écart anormal, dans les cours d'une même marchandise pour deux mois différents, vente à terme sur un mois, achat sur l'autre, revente et rachat simultanés quand la situation est redevenue normale, telle est l'opération.

J'ai donné jusqu'ici des exemples d'opérations simples, que je rappelle, *arbitrage d'importation*, fait sur du coton correspondant exactement au type de Low Middling, sur lequel sont basés les cours du terme, *arbitrages entre deux qualités différentes d'une même marchandise, ou deux marchandises différentes*, réalisé au moyen de deux marchés à terme, *arbitrage entre deux places, entre deux mois*, opéré de la même manière.

VI. — Dans chacun de ces cas, je le remarque en passant, un marché renfermant une convention écrite de ne régler que par différences pourrait remplacer chaque achat ou chaque vente à terme : le caractère de l'opération en serait-il changé ? Et les deux parties, vendeur et acheteur, pourraient être des arbitragistes. Je me hâte d'ajouter qu'en fait une telle convention n'intervient jamais, le règlement aurait lieu à un terme fixé d'avance : or, dans une opération d'arbitrage, on compte toujours, à un même moment, revendre ce qu'on a acheté et racheter ce qu'on a vendu, dès que la possibilité d'un bénéfice apparaît. Ces dernières opérations devraient, pour qu'on évite complètement toute nécessité de livraison, contenir la même convention : la rapidité nécessaire, pour arriver à la conclusion à peu près simultanée de deux affaires sur la même place, ou, à plus forte raison, sur deux marchés différents, interdit les longs pourparlers, et par conséquent l'insertion de clauses exceptionnelles.

VII. — Dans la pratique, l'arbitrage d'importation se combine très souvent avec l'arbitrage entre deux qualités d'une même marchandise, ou deux marchandises différentes, et quelquefois aussi avec l'arbitrage entre deux places, deux mois différents.

Il en est ainsi chaque fois qu'on veut arbitrer un achat, livrable par navire, d'une marchandise qui ne correspond pas exactement à un type servant de base à des transactions à terme.

Un négociant du Havre reçoit une offre de coton Good Middling, livrable par navire, à un prix donné. Il a à se demander deux choses, le prix demandé est-il inférieur à celui qu'on obtiendrait sur place, — l'écart actuel des prix, sur place, entre ce coton et le coton, Low Middling, inférieur en qualité, qui sert de base aux marchés à terme, est-il normal? doit-il tendre à augmenter ou à diminuer?

Ce coton reviendrait, je le suppose, à 72 francs rendu au Havre : actuellement, cette qualité vaut environ 73 en disponible, l'opération semble bonne. Mais le coton à terme, sur le mois de l'arrivée probable de la marchandise, est à 60, l'écart est anormal, il doit diminuer sensiblement avant l'arrivée, le spéculateur renonce à tenter cet arbitrage à l'importation.

Au Havre, où l'on ne traite à terme que du coton d'Amérique, on est obligé d'arbitrer ses importations de coton de l'Inde avec des ventes à terme de coton Nouvelle-Orléans, et de se livrer à des calculs analogues à celui que je viens de développer. Ou bien on vend à terme du coton de l'Inde sur la place de Liverpool, après avoir étudié les cours, comparativement à ceux du Havre.

L'importateur de farines arbitrera souvent par des ventes

à terme de blés, soit que l'on ne traite pas les farines à
terme sur la place où il opère, soit qu'il y voie un avantage,
l'écart des prix entre les blés et les farines étant plus faible
qu'à l'ordinaire. Supposons qu'il lui soit plus avantageux, les
circonstances étant données, de vendre du blé à terme à Chicago que sur la place européenne où il réside ; qu'à Chicago
même, d'une manière momentanée, les prix soient moins
favorables sur le mois même où il compte recevoir ses farines que sur le mois suivant, il vendra sur ce dernier mois,
quitte à racheter plus tard et revendre sur le mois voulu. Et,
dans une seule opération commerciale, l'on pourra retrouver
ainsi les éléments essentiels des quatre différentes sortes
d'arbitrages.

VIII. — Il serait facile de multiplier les exemples, de
varier les combinaisons. Je préfère indiquer quelques-unes
des difficultés qui se présentent.

Tout d'abord, les éléments essentiels de l'opération ne se
prêtent pas à une détermination précise, scientifique ; tout
est matière d'appréciation personnelle.

Puis, entre deux qualités d'une même marchandise, l'écart
normal de valeur varie, non seulement en vertu de causes
accidentelles, passagères, mais à raison des changements
incessants, et difficiles à prévoir, dans les exigences de la
consommation.

De même, entre deux marchandises différentes, le blé et la
farine, le coton et les filés ; les inventions nouvelles, et
la concurrence industrielle plus ou moins âpre, modifient
le rapport existant.

Les prix de la même marchandise, sur deux places, dif-
fèrent surtout à raison d'un élément lui-même variable, les
frais de transport.

De plus, les situations de place faussent les cours ; la
marchandise peut, sans qu'il y ait lieu à réclamation, être de

moins bonne qualité que l'importateur ne s'y attendait; il peut y avoir, lorsqu'elle arrive, encombrement de marchandises de même qualité, et dépression des cours, etc.

Il faut aussi tenir compte d'accidents possibles ; la marchandise peut arriver avariée en partie, sans que la perte soit entièrement couverte ; il peut y avoir perte totale, entraînant un découvert si la hausse a dépassé les 10 0/0 que l'on fait assurer, en général, en plus du prix coûtant, et si l'on n'a pas fait augmenter l'assurance à raison de cette hausse ; augmentation de prime, hausse des cours du fret avant qu'on n'ait fait embarquer la marchandise, autant d'éléments nouveaux d'incertitude, autant de circonstances qui peuvent déranger tout l'équilibre d'une opération calculée en vue de bénéfices très faibles, par rapport à l'importance totale des opérations faites.

J'ai supposé enfin des opérations simultanées ; mais ceci est purement théorique.

Une cargaison de cafés est offerte à 60 ; ils répondent, en moyenne, au type coté à terme, et les courtiers assurent qu'ils ont acheteur sur le mois voulu à 61 ; il ne faut que quelques minutes pour faire l'achat ; mais une dépêche est arrivée, on ne trouve plus d'acheteurs à terme, qu'à 59. On cherche à éviter ces mécomptes en ayant un engagement ferme pendant le temps nécessaire pour faire les deux opérations ; cela se peut quelquefois lorsqu'on opère sur place, non lorsque les deux marchés qui constituent l'opération doivent être conclus sur deux places différentes. Et si l'on songe que sur plusieurs places différentes, la possibilité d'un arbitrage avantageux peut apparaître au même moment à plusieurs spéculateurs, qui reçoivent les mêmes dépêches, on comprend combien facilement des ordres simultanément donnés provoquent un mouvement de baisse sur l'un des marchés, de reprise sur l'autre, et l'opération laisse une perte, au lieu de se solder en bénéfice. Il faut arriver le premier; avoir, par conséquent, le coup d'œil sûr et la décision rapide.

Même difficulté lorsqu'il s'agit, non plus d'engager l'opération, mais de la clore, en revendant ce qu'on a acheté, et rachetant ce qu'on a vendu.

Les mouvements en hausse et en baisse sont toujours plus rapides et plus considérables sur le terme que sur le disponible, le terme étant objet de spéculation pure. Il s'agit, revendant la marchandise importée, de racheter presque simultanément la quantité correspondante, qu'on a vendue à terme. Mais on revend aux prix du disponible ; si le marché est à la hausse, il peut se faire que lorsque l'on veut racheter son terme, il soit de 3 ou 4 plus cher que le disponible ; tout l'équilibre de l'opération est détruit. Il faut donc essayer de revendre la marchandise arbitrée quand le marché est immobile ; mieux encore, quand la tendance est à la baisse, un bénéfice additionnel peut en résulter.

Le marché à terme est donc la base du commerce d'importation, il joue le rôle de contrat d'assurance, contre les risques de la hausse et de la baisse. Il limite également les gains, cela est évident ; mais en permettant à une maison, avec des ressources limitées, de longues opérations, il développe la concurrence et l'esprit d'entreprise pour le plus grand avantage des consommateurs.

Et d'autre part, l'arbitrage réagit sur le marché à terme ; il faut à l'arbitragiste la possibilité d'opérer rapidement et en toute sécurité ; il la trouve sur les places où il rencontre dans la Caisse de liquidation un vendeur, un acheteur unique, et très solvable ; il a de plus l'avantage, une fois son rachat opéré, de pouvoir liquider immédiatement.

Enfin l'arbitragiste recherchera un marché important, où l'on trouve facilement une contre-partie ; mais où en même temps il n'ait pas à craindre un étranglement, lorsqu'il voudra racheter son terme.

IX. — L'industriel se servira du marché à terme, comme l'importateur, pour limiter ses risques ; s'il a à sa portée une place importante tant au point de vue du terme que du disponible, il en résulte pour lui un grand avantage.

Un filateur de Manchester trouvera à tout moment sur la place de Liverpool la qualité voulue.

Le filateur allemand, éloigné de tout grand marché cotonnier, fera au contraire des achats prématurés, traitant avec des maisons américaines, en été, alors que les planteurs, n'étant pas forcés de vendre, sont toujours haussiers (*Journal central de l'industrie textile*, Berlin, 23 mars 1886).

Et les réclamations pour qualité sont fréquentes et sans issue.

De plus, il ne pourra aussi facilement faire usage du marché à terme pour couvrir ses risques.

Grâce au marché à terme, le filateur plus favorisé s'assure tout d'abord un prix.

On lui offre pour la vente de ses filés, à terme, un prix rémunérateur, étant donnés les cours actuels du coton : il vend et achète une quantité correspondante de coton à terme. Il achète à terme s'il croit à la hausse, même sans avoir vendu ses filés.

Il profitera d'autre part d'un écart anormal entre les prix de la qualité qu'il emploie et le cours du terme.

Le terme vaut 60, la qualité qu'il emploie, et qui vaut normalement 6 de plus, est à 63 en disponible ; il achète son coton à l'avance, et vend une quantité correspondante de terme. Le report paie les frais de magasinage.

L'écart est-il plus grand qu'à l'ordinaire ? Il limitera ses achats en disponible aux besoins immédiats, et s'approvisionnera, pour les mois éloignés, en achetant du coton livrable par navire, arbitré avec du terme : à moins qu'il ne préfère attendre, croyant à une baisse.

Et pour toutes ces ventes, tous ces achats de terme, il

examinera les cours des différents mois, n'hésitant pas, pour profiter d'un écart passager, à vendre sur avril au lieu de mai. S'il ne le fait pas, l'intermédiaire auquel il passe un ordre et qui est responsable envers lui, fera l'arbitrage entre les deux mois pour son propre compte.

Le marché à terme, qui sert à celui qui emploie la matière première, n'est pas moins utile à celui qui la produit.

Un fermier prévoyant en avril une belle récolte et voulant s'assurer les prix actuels, vendra à terme ; s'il ne trouve pas de contre-partie il vendra au besoin au lieu de blé, la quantité correspondante de farine.

Et dans tous ces cas, je puis répéter ce que j'ai déjà observé : les marchés à terme impliqués par ces différentes opérations pourraient, sans qu'elles changent de nature, contenir une convention écrite, permettant de ne régler que par différences.

X. — J'en viens au spéculateur pur et simple, j'entends par là celui qui vend ou achète à terme, purement et simplement, à prime, ou avec faculté, en basant uniquement son opération sur ses prévisions relatives à la hausse ou à la baisse des marchandises. Et je suppose qu'il opère à New-York, sur les cotons. Chacune de ses opérations l'oblige à un déposit, sur lequel on ne lui paie que 2 1/2 0/0 d'intérêt. Il a beau avoir revendu la quantité achetée, il doit renoncer à disposer de son argent et verser des marges selon les mouvements du marché, si aucun ring n'est formé. Lorsque la filière lui est transmise, et lorsqu'il reçoit ou paie une différence, il s'aperçoit qu'il a vendu et acheté du coton, et non pas simplement parié sur les cours.

Le receveur de prime ou de double prime, vendeur ou acheteur, le donneur de faculté, sont forcés à une surveillance de tous les instants, pour se couvrir à temps ; et les pertes sont impossibles à éviter.

A a vendu au cours de 80 francs, avec une prime de 5 francs, à lui payée par l'acheteur. L'opération a été faite en janvier, sur le mois de mai. Il y a hausse : au prix de 84, A achète pour se couvrir ; mais la hausse s'arrête ; la marchandise descend à 80 ; craignant une baisse plus forte, il revend. Le terme étant encore éloigné, on peut supposer bien des opérations successives, la perte peut devenir considérable, et les frais de courtage viennent grever l'opération.

Le receveur de double prime se demande aussi, à chaque mouvement de hausse ou de baisse, s'il n'y a pas lieu pour lui de se couvrir.

De même pour le donneur de faculté ; A vend, le cours du café étant 84, 500 sacs à 75 francs, avec faculté pour lui de livrer le triple : B, l'acheteur, donneur de faculté, gagne 9 francs sur la quantité simple, vendue ferme, qu'il peut revendre immédiatement à 84 ; si par la suite, le café tombe au-dessous de 75, il a à envisager la perspective de recevoir la triple quantité. En admettant qu'il ait revendu la quantité simple, la perte apparaît possible lorsque le café tombe au-dessous de 70,50.

Dans tous ces cas, des tentatives malheureuses pour se couvrir peuvent entraîner des pertes illimitées.

Le payeur de prime ou de double prime, le preneur de faculté, limite au contraire sa perte ; il tient l'autre partie à sa discrétion.

Des combinaisons sont possibles avec les marchés fermes.

A achète à prime au cours de 75, vend ferme sur le même mois, au même cours ; la prime est de 5 francs. Il croit à une forte baisse ; il est en gain si elle dépasse les 5 francs qu'il a payés comme une assurance contre la hausse. Sa situation est la même que s'il avait simplement vendu en payant une prime de 5 francs, ou vendu à 5 francs au-dessous du cours, avec faculté du double, en achetant immédiatement la quantité simple.

Tous, en somme, négociants importateurs, industriels, producteurs, spéculateurs purs et simples, trouvent dans le marché à terme l'instrument nécessaire au succès de leurs opérations ; il intervient aussi bien pour limiter les risques que pour les créer.

Et facilement la spéculation mène aux affaires sérieuses ; le vendeur à découvert devient, contre son gré, importateur, acheteur en disponible, créateur de filières.

XI. — Les ventes se succèdent, chaque nouvel acheteur obéissant à des raisons différentes.

Un négociant de Parsons, dans le Kansas, pays de production, achète en plusieurs lots, au prix moyen de 54 cents le boisseau, 20,000 boisseaux, qu'il emmagasine dans un *elevator*, situé à côté de la voie ferrée. Le transport jusqu'à New-York coûte 25 cents par boisseau ; le blé doit ressortir, à l'expertise conforme au type n° 2 red-winter ; le cours actuel est de 81 à New-York ; il télégraphie à New-York un ordre de vente sur le mois suivant, comptant sur un bénéfice de 2 cents par boisseau. L'acheteur représente une maison anglaise d'importation. Le lendemain, cette même maison, prévoyant une baisse des cours de fret, ou de la marchandise elle-même, donne ordre de la revendre. L'acheteur est un meunier de New-York ; tenté par une hausse qu'il croit passagère, il revend deux jours après, à un vendeur à prime désireux de se couvrir, etc. ; et avant même que les wagons soient chargés, vingt reventes ont pu avoir lieu ; autant de noms figureront au jour de la livraison sur la filière, si un règlement par voie de ring n'a lieu.

Un importateur peut avant même d'avoir reçu sa marchandise, avoir vendu et acheté trois ou quatre fois, à terme, une quantité correspondante. Il a arbitré son importation en vendant au Havre sur le mois de mai. Puis, à raison d'une hausse passagère à New-York, dont il veut bénéficier, il rachète au Havre, vend à New-York. L'équilibre rétabli, il rachète à New-York, revend au Havre, mais sur le mois de juin, dont le cours est plus avantageux ; plus tard, il rachète sur juin, et vend sur mai, rétablissant l'opération dans ses données primitives, etc.

Enfin, des opérations que je considère comme sérieuses, étant données les connaissances spéciales qu'elles supposent, les arbitrages entre deux places, deux mois, deux marchandises différentes, peuvent se réaliser uniquement au moyen de marchés à terme.

On comprend dès lors un fait qui surprend au premier abord ; la disproportion qui existe entre le chiffre total des ventes en disponible et des marchés à terme, sur une même place, pour une même marchandise.

Et la disproportion peut être très grande, sans même supposer une spéculation très active.

Presque partout, la cote n'étant obligatoire que pour les affaires à terme, l'on n'en peut retrouver la constatation officielle.

J'emprunte à un très intéressant travail publié par une revue américaine (Les Affaires à terme en blé, par M. A. C. Stevens *Quarterly journal of economics*, 1887) le chiffre total des affaires faites pendant le premier semestre de 1887, à New-York et pour les blés, tel qu'il ressort des circulaires quotidiennes de la Bourse, les relevés n'étant pas tout à fait complets, le résultat n'est qu'approximatif.

Les ventes en disponible forment un total de 48,836,000 boisseaux, les marchés à terme, 867,594,000 boisseaux, soit 17 fois plus environ. Ce dernier chiffre représente presque le double de la production annuelle moyenne des Etats-Unis. L'ensemble des marchés à terme pendant l'année, et sur des différentes places américaines, doit dépasser quatre milliards de boisseaux, soit deux fois la production du monde entier en 1886.

Les ventes en disponible représentent à peu près le double de la quantité reçue à New-York, et destinée à l'exportation.

Sur le total des ventes à terme, représentant 17 fois les quantités vendues en disponible, et 34 fois les exportations faites, combien étaient le fait de spéculateurs purs et simples?

Rien n'est plus difficile à dire; des juges compétents estiment que les trois cinquièmes au moins des ventes étaient faites en vue d'arbitrages.

Après une période de spéculation fiévreuse, suivie par un krach, le marché de Liverpool pour les cotons s'est calmé, le règlement hebdomadaire des différences a été introduit, et l'on estime que l'immense majorité des opérations à terme sont faites par des importateurs ou sur l'ordre de filateurs; le chiffre total des marchés à terme n'en reste pas moins infiniment supérieur à celui des ventes en disponible.

Enfin, les ventes et les achats purement spéculatifs où l'opérateur court le risque intégral de la hausse et de la baisse peuvent être attribués pour une grande part à des négociants très informés, opérant à la suite de raisonnements sérieux.

Un importateur croit à la hausse: personne ne s'étonnera de le voir acheter du coton livrable par navire, sans se couvrir par une vente de terme correspondante.

Il croit à la baisse; va-t-on lui interdire en s'abstenant de toute importation, de vendre à terme, une certaine quantité de marchandises?

On peut aller plus loin; sans être négociant patenté, on peut raisonner une opération. Les circulaires, les journaux spéciaux donnent une foule de renseignements statistiques; chiffre total de la dernière récolte, importance et qualité probables de la prochaine; quantités sous voiles pour les principaux ports du continent, réceptions de marchandises au pays producteur, sur les marchés de l'intérieur et dans les ports d'exportation, cours du fret, et divers faits qui peuvent le faire varier, etc. Il est assez difficile de discerner si, en fait, le spéculateur a été capable de raisonner sur ces divers éléments.

XII. — S'il faut une conclusion, on peut dire que la spéculation pure et simple peut souvent être le fait de négociants sérieux, et qu'il sera le plus souvent impossible à un tribunal de discerner si elle a été mûrement étudiée. En augmentant l'offre et la demande, elle est utile aux importateurs, aux producteurs, aux industriels; ils peuvent trouver des contre-parties pour des opérations importantes, sans trop influer sur les cours. En exagérant les mouvements du terme en hausse et en baisse, elle peut fausser les résultats d'un arbitrage à l'importation. En provoquant des écarts de prix anormaux, entre deux marchés, deux mois différents, elle permet des opérations nouvelles. Elle conduit aux affaires sérieuses, et tel qui n'a voulu que jouer sur des différences deviendra forcément importateur, acheteur en disponible.

Mais il faudrait qu'elle ne prenne pas une importance prépondérante; il faudrait qu'elle ne se donne pour but de fausser les résultats normaux de la concurrence commerciale, en provoquant des hausses et des baisses factices, qui rendent impossibles les opérations raisonnées.

Les marchés à terme, en un mot, ont été trop sévèrement attaqués; la spéculation pure et simple en elle-même peut être utile; l'usage qu'on en fait peut donner lieu à de sérieuses critiques. Il faut dire quelques mots de ces abus, des syndicats de spéculation, des étranglements, et examiner quels sont les faits réprimés par l'article 419 du code pénal.

CHAPITRE X

SYNDICATS — ÉTRANGLEMENTS — DÉLITS PRÉVUS
PAR L'ARTICLE 419 DU CODE PÉNAL

Les bénéfices du producteur, du détenteur de la marchandise, dépendent ainsi que ceux du spéculateur de la hausse et de la baisse; leur permettra-t-on d'user de tous les moyens qui sont en leur pouvoir pour influer sur les cours?

Ils pourront, sans aucun doute, répandre les informations de nature à déterminer un mouvement favorable, pourvu qu'elles soient exactes ou tout au moins données de bonne foi. Le fait de semer à dessein dans le public des faits faux ou calomnieux est au contraire prévu et réprimé par l'article 419.

I. — Que faut-il penser des manœuvres ayant pour but de déterminer à son profit une hausse énorme, sans rapport avec la relation naturelle de l'offre et de la demande, sur une marchandise donnée?

Quel est, tout d'abord, le mécanisme employé?

Le plus souvent, des ressources énormes étant nécessaires, une coalition est formée entre un certain nombre de négociants et de capitalistes. Il s'agit d'accaparer la marchandise sur laquelle on veut opérer. On pourrait, à la rigueur, acheter tout le disponible, mais les déboursés seraient énormes, l'opération lente, la hausse se produirait avant qu'elle ne soit consommée. Tout en achetant une aussi forte quantité que possible en disponible, on achètera à terme, tant sur les mois rapprochés que sur les mois éloignés, tout ce que les vendeurs voudront bien donner. L'opération doit être vivement conduite et avec secret, pour éviter que les vendeurs ne soient sur leurs gardes. Les vendeurs sur les mois rapprochés trouvent encore le moyen de s'exécuter avec une forte perte ; mais il arrive un moment où le syndicat a absorbé le stock existant ; il est seul détenteur et peut imposer les prix qu'il veut à ceux qui se sont engagés envers lui.

Il se contente quelquefois d'exiger d'eux une forte amende pour les quantités non livrées ; cette opération peut être menée sur un seul ou sur plusieurs marchés.

Ruine des vendeurs à découvert, qui sont peut-être des spéculateurs purs et simples, mais peut-être aussi des industriels, des arbitragistes, contributions levées sur les industries secondaires qui emploient la marchandise et, en dernière analyse, sur le consommateur ; telles sont les conséquences de l'opération lorsqu'elle réussit.

L'escompte est un puissant moyen pour la réussite de semblables opérations sur le marché des valeurs. On peut même, ce qui ne devrait, en aucun cas, être admis, escompter de nouveau, après avoir consenti un report, et faire ainsi subir en un seul mois, au vendeur à découvert emprunteur de titres, trois ou quatre déports successifs.

A défaut de ce levier puissant pour la hausse, les syndicats opérant sur les marchandises ont l'avantage de pouvoir acheter à termes éloignés, l'opération peut être faite à plus longue échéance.

Mais on ne sait jamais exactement en vue de quelles quantités on doit manœuvrer ; la découverte de réserves inconnues peut faire avorter l'opération.

En général, on n'entreprendra une de ces opérations d'accaparement et d'étranglement, un de ces *corners*, suivant l'expression anglaise si souvent employée actuellement, que si l'on a des raisons sérieuses de croire à une tendance naturelle à la hausse dont on profitera en l'exagérant.

II. — Les exemples abondent.

En 1887, un syndicat se forme à New-York sur les cafés. On annonce une faible récolte au Brésil, qui fournit 55 0/0 de la production totale. Le syndicat fait d'énormes achats, les prix montent. Mais, sur des avis nouveaux et contraires, au sujet de la récolte brésilienne, les vendeurs reprennent confiance, des réserves inconnues s'offrent sur le marché. Un des membres du syndicat prend peur et réalise ; la débâcle est complète. Du cours de 20.20, le 9 juin, le café tombe à 15 le 13 juin, pour se relever à 18.15 le 16. Le corner avait échoué.

La même année, des corners échouèrent pour les cotons, à New-York, Galveston et Liverpool.

J'emprunte au travail déjà cité de M. Stevens quelques détails sur le corner de Chicago.

Les stocks de blé, en France et en Angleterre, étaient plus bas qu'ils ne l'avaient été depuis des années. Les statistiques officielles fixaient le chiffre total de la récolte de 1886 à 457 millions de boisseaux. Et les stocks visibles ou invisibles (en entendant par *invisibles* les quantités conservées par les fermiers ou d'autres détenteurs, ailleurs que sur les marchés en blés) étaient estimés au total pour les Etats-Unis à 80 millions de boisseaux environ.

On calculait que, sur la récolte totale, 335 millions de boisseaux seraient conservés aux Etats-Unis ; 122 millions pourraient être exportés, soit 4 millions de moins que l'année précédente. Le prix moyen du blé vendu pour l'exportation étant descendu dans les trois dernières années, de 106 à 87 cents par boisseau, il semblait probable que, les marchés européens étant de plus insuffisamment approvisionnés, les exportations prendraient une grande extension pendant la campagne commerciale qui devait prendre fin le 30 juin 1887. Les réserves diminueraient en conséquence, et un corner aurait toutes chances de réussir dans les derniers mois de cette campagne.

Le syndicat de Chicago acheta sur tous les marchés de l'Est et de l'Ouest autant de blé qu'on voulut bien lui en vendre sur juin. Une hausse se produisit à Chicago et San-Francisco, et à un moindre degré sur tous les marchés du monde. Très vite, les fermiers, les meuniers du Nord-Ouest qui avaient vendu des quantités correspondant à leurs provisions, virent qu'il faudrait faire livraison réelle ou payer de fortes différences. Ils expédièrent sur Chicago ; les spéculateurs, vendeurs à découvert, trouvèrent des réserves imprévues chez les meuniers qui n'avaient pas eux-mêmes vendu.

Les magasins de Chicago regorgeaient de blé ; et sur les voies, hors de la ville, se succédaient pendant plusieurs milles les wagons remplis qu'on ne pouvait décharger. Le syndicat n'avait pas les ressources nécessaires pour accaparer les réserves offertes ; les vendeurs, au lieu de se laisser mettre à l'amende, offraient livraison, et voulaient être payés. La chute fut rapide et considérable ; de 93, cours maximum, le blé tomba à 69 ; par contre-coup à New-York il y eut une baisse de 7 cents.

En juillet on vendit du blé, rendu à Liverpool, coût, fret et assurance, à 87 cents, le prix le plus bas qu'on ait jamais constaté.

L'opération ayant échoué, son résultat le plus net était l'allocation de primes aux producteurs dont on avait accaparé momentanément la marchandise.

La hausse n'avait duré que six semaines ; mais pendant cette période, l'équilibre des transactions avait été troublé, le prix du fret entre le continent européen et les États-Unis avait augmenté, étant donnée la crainte de ne pas avoir de fret de retour, vu l'accaparement du blé.

Il serait facile de multiplier les exemples. Tout dernièrement encore, à Hambourg, un corner réussissait sur les cafés : les prix montaient en un seul jour de 72 à 95. Et l'on parle actuellement d'opérations conduites en Autriche-Hongrie, en vue d'accaparer le maïs : les magasins de Vienne en sont encombrés.

III. — Mais au point de vue de l'importance des transactions faites, de leur complexité, et du but proposé, l'opération entreprise depuis plus d'un an sur les cuivres est, je crois, sans précédents.

En 1885 et 1886, des syndicats avaient opéré sur les laines et les soies, dont la dépréciation était exagérée : ils avaient réussi, et une amélioration légère des cours avait persisté, même après la réalisation.

Sauf une légère reprise, due à la guerre de 1870-71, les cours du cuivre avaient subi depuis vingt ans une baisse régulière.

A la fin de 1886, les cours étaient tombés à 96 francs ; en 1886, le cuivre avait valu environ deux fois plus cher, soit 185 francs.

La baisse semblait due à des phénomènes économiques, faciles à découvrir ; au développement de la production surtout, plusieurs mines importantes avaient été découvertes en Amérique.

La situation semblait cependant favoriser une campagne de hausse ; le stock était modique ; des incendies aux États-Unis, des inondations au Chili ralentissaient la production.

Mais rien ne justifiait une hausse extraordinaire, inouïe,

comme celle qui après avoir débuté lentement, se produisit vers la fin de 1887. Le cuivre remonta à 220 francs ; la hausse était de plus de 100 0/0 ; et, fait plus curieux encore, elle s'est presque intégralement maintenue depuis lors.

Un syndicat, formé en France, avait entrepris plusieurs séries d'opérations différentes.

1° Il avait acheté la plus grande partie des stocks, soit 35,000 tonnes environ, sur 50,000 existant au 1er octobre 1887.

2° A Londres, à New-York, où l'on n'avait pas cru à la durée de la hausse, il avait fait face à toutes les offres des vendeurs à découvert.

Ceci aurait suffi, si l'on n'avait eu en vue qu'un corner ordinaire. Mais pour que la hausse se maintînt, il fallait, ce qui semblait impossible, obtenir le contrôle de la production du cuivre, et la limiter. Le syndicat semble y être arrivé par l'emploi simultané de deux procédés.

3° Achat à terme à un prix fixé à l'avance, de toute la production limitée à un certain chiffre, de plusieurs mines, comme Vignaës en Suède, Wallaroo aux Etats-Unis, etc.

4° Avec les mines de Rio-Tinto, Tharsis, Montana, etc., entente formée sur les bases suivantes : garantie par le syndicat d'un prix minimum de 60 livres sterling par tonne ; limitation de la production au chiffre moyen des dernières années ; partage des bénéfices avec le syndicat au-dessus du prix de 60 livres.

5° Enfin, le syndicat menait sur les valeurs de cuivre, Rio-Tinto, Tharsis, etc., une campagne de hausse dont il savait se ménager en grande partie les profits ; les vendeurs à découvert de Rio-Tinto se trouvaient très vite incapables de maintenir leurs positions. Par une coïncidence au moins singulière le gouvernement espagnol publiait un décret qui méconnaissait les droits acquis et payés, de la Compagnie de Rio-Tinto et interdisait la calcination à l'air libre ; mais il n'en résultait pour les baissiers qu'un moment de répit, et la hausse reprenait.

Les cours moyens de ces différentes valeurs, au milieu de fluctuations importantes dues à l'ardeur de la spéculation et à des réalisations de bénéfices, se maintiennent fort élevés.

Le cuivre reste à 80 livres la tonne.

La consommation se réserve, et n'achète que pour faire face aux besoins courants : mais jusqu'à maintenant, il semble que les mesures aient été bien prises. En supposant que certaines mines abandonnées rentrent en exploitation, il ne peut en résulter une augmentation considérable de production. Les grandes compagnies minières sont engagées vis-à-vis du syndicat français, et semblent décidées à tenir parole. Dernièrement, à New-York, le syndicat maintenant les prix à 16 cents 1/2 par livre, une velléité de résistance se produisit ; mais les compagnies, auxquelles on demanda leur prix, le fixèrent à 25 cents, et sur ce refus déguisé les cours avancèrent à 16.80.

Une nouvelle combinaison donnera, paraît-il, une forme définitive à cette grande entreprise de contrôle du marché des cuivres. — Tous les engagements pris par le syndicat spécial ou par la Société des métaux qui en fait partie, seraient transférés à une société anonyme dont les moyens financiers, constitués aussi bien par le capital social que par des opérations de crédit, atteindraient 175 millions environ.

Ce chiffre aurait été fixé d'après les données suivantes : on a calculé que les stocks visibles de cuivre atteignent une moyenne annuelle de 60,000 tonnes. En ajoutant 40,000 tonnes pour parer aux effets de la résistance de la consommation, on arrive à un total de 100,000 tonnes qu'il faut être en mesure d'acheter. A 70 livres ou environ 1,750 francs par tonne, on arrive au chiffre de 175 millions.

On espère que les consommateurs de cuivre, après avoir éprouvé la puissance de cette société, et connu l'importance des capitaux dont elle dispose, se décideront à consacrer, par leurs achats d'approvisionnement, les cours actuels du métal.

Tel est, je crois, l'historique exact de cette énorme opération [1].

Faut-il applaudir ou non à son succès ?

Les opinions varient sur ce point. La note qui domine dans la presse est celle de l'enthousiasme.

« Le fait le plus intéressant qui se dégage de cette grande opération, dit le *Temps*, n'est-il pas le développement de l'industrie du cuivre en France ? Si la Société des Métaux peut s'approvisionner des matières nécessaires au fonctionnement de ses usines à 20 ou 30 0/0 au-dessous du prix que seront obligés de payer ses concurrents étrangers, ne trouvera-t-elle pas des débouchés faciles partout où l'industrie anglaise reculera, impuissante, ou au moins limitée dans ses efforts ? N'y a-t-il pas là une œuvre féconde et éminemment nationale ? »

Et l'*Économiste français* disait en février : « Quant à l'interpellation Laur, sur les accaparements, il est à espérer que la Chambre ne se mêlera pas à ce point-là de ce qui ne la regarde pas, et n'entravera pas une opération qui, non seulement a relevé de plus de 100 millions au profit de la fortune publique, la valeur des principaux titres cuprifères, mais aussi tend à amener d'Angleterre en France le grand marché des cuivres. »

D'autre part, M. Laur a montré à la Chambre la ruine possible, si le syndicat faiblit, de ceux qu'il aura entraînés dans une hausse factice ; les pertes déjà subies par les industriels non avertis, qui avaient des engagements ; l'impôt levé au profit d'intérêts particuliers sur tous les consommateurs de cuivre, et qui s'élèverait pour l'État seul, à raison de ses fournitures pour la guerre et la marine, à 8 ou 9 millions par an.

1. Voir l'*Economiste français*, 31 décembre 1887, 11 février 1888 ; le *Temps*, des 5 mars et 6 juin ; les *Débats*, du 19 mars ; le *New-York Herald*, du 28 mai et du 4 juin 1888 ; et l'interpellation Laur, à l'*Officiel* du 18 février 1888.

Il rappelait enfin que les opérations faites tombaient sous le coup de l'article 419 du Code pénal, qu'il est temps pour moi d'examiner.

IV. — Il punit d'un emprisonnement d'un mois à un an, et d'une amende de 500 à 10,000 francs, tous ceux qui auront opéré la hausse ou la baisse du prix des denrées ou marchandises, ou des papiers ou effets publics au-dessus ou au-dessous des prix qu'aurait déterminés la concurrence naturelle et libre du commerce.

1° Par des faits faux ou calomnieux semés à dessein dans le public ;

2° Par des suroffres faites aux prix que demandaient les vendeurs eux-mêmes ;

3° *Par réunion ou coalition entre les principaux détenteurs d'une même marchandise ou denrée, tendant à ne pas la vendre ou à ne la vendre qu'un certain prix ;*

4° *Par des voies ou moyens frauduleux quelconques.*

Un corner, lorsqu'il aboutit, renferme à l'ordinaire les éléments du délit puni par l'article 419 ; une fois la marchandise accaparée, il y a réunion, coalition des principaux détenteurs, tendant à ne vendre qu'à un certain prix, et à provoquer une hausse factice.

Il peut cependant en être autrement. « La coalition punie par l'article 419, dit gravement le Code pénal annoté de Dalloz, suppose la pluralité des personnes qui la forment. »

Il en résulte que si un seul spéculateur disposant de capitaux suffisants mène à bonne fin l'opération, elle n'est pas délictueuse.

Et si plusieurs spéculateurs s'étaient réunis en société, ayant la personnalité morale, il n'y aurait pas non plus « coalition des principaux détenteurs », il n'y aurait qu'un seul détenteur, la société elle-même (Cass., 26 janv. 1828).

Ainsi donc lorsque la transformation dont j'ai parlé ayant

eu lieu, une société, régulièrement constituée aura remplacé le syndicat des cuivres, les opérations auxquelles elle se livrera ne pourront plus constituer le délit de coalition. Telles sont, en ce cas, les conséquences bizarres des abstractions juridiques.

Mais on peut se demander si l'accaparement, alors même qu'il ne constitue pas le délit de coalition, ne tombe pas sous le coup de l'art. 419 du Code pénal ; n'y a-t il pas, dans le fait d'acheter des quantités dont on sait la livraison impossible « l'emploi de voies et moyens frauduleux » pour amener une hausse factice? J'hésiterais pour ma part à adopter cette doctrine.

Je rappelle, en dernier lieu, que l'art. 419 ne punit pas la tentative ; il faut que la hausse ou la baisse aient été opérées.

V. — Quelles sont, en pratique, les conséquences de l'article 419 ?

Il a été appliqué par les tribunaux correctionnels à des coalitions formées entre bouchers ou boulangers, qu'on a condamnés à de simples amendes (Cass. D, 1850, I, 212).

. Mais les applications les plus intéressantes ont été faites par la juridiction civile.

L'entente entre les principaux détenteurs — et ce mot comprend les fabricants — d'une marchandise constitue une convention illicite ; lorsqu'elle n'est pas exécutée, par une des parties contractantes, les tribunaux ne doivent lui accorder aucune sanction.

Dans la dernière espèce jugée, une entente entre les fabricants d'iode avait eu pour conséquence la formation d'un syndicat chargé de l'achat de la matière première, la soude des varechs et de la vente du produit obtenu ; la concurrence à l'achat et à la vente était supprimée (Cour de Rennes et Cass. Req., D, 1879, I, 345).

Plusieurs auteurs ont voulu créer une distinction que l'article ne semble pas admettre.

« Nous demandons, dit M. Larombière (Obligations, I, p. 324), s'il y aura quelque chose de blessant pour l'ordre public dans la convention par laquelle des intérêts privés, sans former une coalition illicite, chercheront les moyens de se garantir contre les effets d'une concurrence illimitée, qui, non seulement peut arrêter leur prospérité, mais encore précipiter leur ruine. »

La loi ne distingue pas ; il n'est pas de coalition ou de réunion licite entre les principaux détenteurs d'une marchandise ; et les tribunaux civils doivent refuser toute sanction à une *entente formelle* ayant pour but « d'opérer la hausse ou la baisse au-dessus et au-dessous des prix qu'aurait déterminés la concurrence naturelle et libre du commerce ».

A défaut d'entente formelle, de convention, la question n'est pas de nature à être portée devant la juridiction civile, et il est évident que l'accord tacite en vertu duquel des prix élevés sont maintenus, reste en dehors aussi bien de l'esprit que des termes mêmes de l'article 419 et n'est pas punissable.

VI. — On peut affirmer sans crainte de se tromper, que depuis l'année 1850, date de la dernière application qui ait été faite, à ma connaissance, de l'article 419 par la juridiction pénale, un certain nombre de coalitions ont dû se produire, en France, qui pouvaient justifier des poursuites, aussi bien au point de vue de l'intérêt public qu'au point de vue strictement juridique.

Mais on comprend les hésitations du gouvernement et du ministère public entre des affirmations également autorisées et contradictoires. On se décidera encore assez facilement à requérir une condamnation pécuniaire contre les bouchers d'une petite ville, coalisés pour faire monter le prix de la viande ; mais il n'en ira plus de même pour un syndicat financier puissamment organisé, et qui va réaliser d'énormes bénéfices ; dans le commerce et dans l'industrie, gagner beaucoup d'argent, n'est-ce pas, en principe, rendre des services exceptionnels à l'État, et entreprendre « une œuvre féconde et éminemment nationale? »

Il faut, du reste, être juste, et reconnaître qu'il y a du vrai dans ce point de vue.

L'opération d'accaparement des cuivres coûte très cher aux consommateurs français; mais elle a pu rendre service à l'industrie nationale, et une grande part des bénéfices réalisés se répartissent entre les actionnaires, très nombreux, de plusieurs sociétés financières. Rien ne prouve que, si le syndicat français ne s'était pas formé, la même opération n'aurait pas été entreprise et menée à bonne fin par un syndicat anglais ou américain ; la France en aurait subi les inconvénients sans en avoir les avantages.

Lorsque, en février dernier, M. Laur développa sa question sur l'accaparement des cuivres, M. Fallières, garde des sceaux, qui devait répondre au nom du gouvernement, sut se tirer habilement d'une situation délicate.

« Certaines personnes ont prétendu qu'il y avait eu coalition ; d'autres ont prétendu que c'était par le jeu naturel de certains faits économiques et financiers que la hausse s'était produite.

» Je ne veux pas juger ; je n'ai pas à prendre parti entre ces deux opinions, — il y a peut-être du vrai des deux côtés...

... » Je n'hésite pas à déclarer que l'article 419 existe, et que si on se trouvait en présence d'une coalition ayant pour objet l'accaparement absolu d'une marchandise française, à l'effet de se rendre maître du marché intérieur de certaines denrées ou de certains produits, les tribunaux sont là, et la loi serait appliquée. »

Mais M. Laur avait quelque droit d'affirmer en concluant

« que la coalition était démontrée, surabondamment démontrée ».

Si l'on n'applique pas l'article 419, dira-t-on, pourquoi ne pas l'abroger ? — Je ne sais s'il n'y a pas avantage, en bien des cas, à préférer à l'abrogation formelle, cette pratique anglaise, qui consiste à laisser dormir dans une désuétude de pur fait certaines dispositions légales, pour les tirer ensuite de l'oubli, si des circonstances imprévues viennent leur rendre quelque utilité !

L'existence de l'art. 419 a du reste tout au moins cette conséquence utile ou regrettable, selon les points de vue, de refuser aux conventions formées en vue d'un accaparement, la valeur d'un lien juridique.

VII. — Lorsqu'on met à part l'opération d'accaparement des cuivres, et les coalitions formées entre ceux qui fournissent tel ou tel produit à la consommation dans une ville ou un pays donné, lorsqu'on en revient aux *corners*, aux étranglements, on peut se demander si, en dernière analyse, le consommateur en souffre beaucoup.

L'histoire des corners, dans ces dernières années, montre que le succès en est de plus en plus rare, en ce qui concerne les marchandises de consommation générale et nécessaire : les blés, par exemple. Cela se comprend de reste. Les moyens de transport sont plus nombreux et plus rapides : de plus en plus, tous les renseignements sont réunis et transmis aux différents intéressés, en ce qui concerne la production, les stocks, la consommation d'une marchandise donnée, et les affaires faites sur les divers marchés ; la possession exclusive d'informations importantes, utile pour entreprendre un corner, le secret nécessaire à son succès, sont difficiles à obtenir.

Si l'opération échoue, elle se résout, en ses conséquences dernières, dans le paiement d'une forte prime aux produc-

teurs, et dans un avilissement des prix dont le consommateur
profite.

L'*Evéning Post* de New-York célébrait, en juin dernier,
ces conséquences du libre jeu des opérations commerciales.

« Hier, un syndicat de Chicago a été condamné pour sa
tentative de corner sur les blés, à une amende de plus d'un
million de dollars, et l'amende a été instantanément payée.
Pas de frais de poursuites pour l'Etat ; aucun besoin de recourir aux services du ministère public. Il n'y a eu ni grand
jury pour déterminer les chefs d'accusation, ni petit jury pour
procéder au jugement, ni lutte entre l'accusation et la défense
à propos du choix des témoins, ni tentative de corruption,
ni opposition aux décisions de la Cour, ni appel aux cours
supérieures, ni recours à la clémence du pouvoir exécutif...
Non seulement l'amende a été versée, mais chacun, présent
ou absent, l'a subie dans une juste mesure, fût-il à Londres
ou à Liverpool... Il y a eu jugement et châtiment au même
moment. Un éclair, un coup de tonnerre, et le ciel s'est
éclairci. Le monde continue sa course, aussi riche qu'auparavant. Il y a eu certains déplacements de capitaux : mais en
général, l'argent a passé de la poche du spéculateur dans
celle du producteur. »

Si, au contraire, uu corner réussit, il se produit, sur un
marché donné, un renchérissement passager dont le consommateur souffre peu : il attend que les prix soient revenus
au cours normal pour s'approvisionner.

Les spéculateurs à la baisse se voient jusqu'à un certain
point à la discrétion du syndicat, et malheureusement les
négociants et filateurs qui n'avaient vendu à terme qu'en
vue d'arbitrages peuvent se trouver dans la même situation.

VIII. — Est-ce à dire que les uns et les autres doivent
acheter ou payer des dommages-intérêts sur la base du prix,

quel qu'il soit, qu'il plaira aux accapareurs de fixer ? Je ne le pense pas.

Une espèce plusieurs fois jugée à Marseille est la suivante :

On achète, livrable par navire, une marchandise quelconque, en stipulant un délai d'arrivée. Le navire étant en retard, l'acheteur demande la résiliation ; il est seul détenteur, sur la place, de la marchandise voulue ; il prétend que les dommages-intérêts soient réglés sur la base d'un prix qu'il fixe arbitrairement très au-dessus de la valeur de la marchandise. Le tribunal résiste à une telle demande et fait fixer, par des experts, la valeur réelle.

Les principes restent les mêmes lorsque la marchandise a été accaparée par un syndicat ; et le fait même qu'il existe des détenteurs étrangers au syndicat, mais qui trouvent leur avantage à maintenir les prix, ne saurait permettre d'y déroger.

En fait, l'acheteur réclame le plus souvent des dommages-intérêts basés sur des cours officiellement constatés, ou même sur un rachat fait en Bourse pour le compte de son vendeur.

Mais il faut voir si les cours, si le rachat sont sérieux.

Rien dans la loi, je le fais remarquer, n'impose au tribunal l'adoption des cours officiels comme base pour le règlement des dommages-intérêts ; l'usage d'adopter ce point de départ repose sur deux raisonnements entre lesquels on peut choisir : l'acheteur, s'il avait reçu livraison, aurait pu les vendre au cours du jour ; il avait besoin des marchandises, et il a été forcé de les acheter à ce même cours. Lorsque le rachat a été régulièrement constaté, on l'adopte comme base, au lieu du cours moyen.

Mais tout ceci suppose des cours, des prix de rachat sérieux ; si les membres du syndicat, restés maîtres du marché, pratiquent entre eux, pour de soi-disant rachats en Bourse, des prix de fantaisie, le tribunal ne saurait les suivre.

Tel était le cas, dans une espèce jugée par le tribunal de la

Seine, le 5 avril 1875 (J. H., 1882, II, 42). Un spéculateur étranger avait fait un corner sur les farines ; il avait accaparé le disponible et acheté de grandes quantités à terme ; un négociant de Paris, vendeur de 15,600 sacs sur juillet, avait été forcé de se laisser racheter en Bourse le 3 août, après sommation ; le marché avait eu lieu à un prix supérieur de 25 0/0 aux cours précédemment pratiqués ce jour-là ; le vendeur était un tiers associé à la spéculation. Et le lendemain 4 août, les cours normaux du 1er et du 2 août se présentaient de nouveau à la cote officielle.

Le tribunal de la Seine décida, avec pleine raison que « l'importance des dommages-intérêts devait être déterminée par le tribunal, sans tenir compte de cours fantaisistes et arbitraires ». Il rechercha uniquement le dommage éprouvé, par la comparaison des prix de vente et de la valeur réelle de la marchandise au jour du rachat, en tenant compte des circonstances de la cause et de l'aléa que les vendeurs à découvert ont entendu courir.

L'opposition n'est tout au plus qu'apparente entre cette solution et deux décisions du Havre et de Nantes (J. H., 1882, I, 9 ; II, 73). L'hypothèse était différente. On avait vendu, livrables par navires, des sucres d'importation en prenant comme base pour la fixation du prix la cote officielle du type N° 3 à Paris au moment de l'arrivée du navire, diminuée, suivant les cas, de 5 fr. 25, de 1 franc, de 0 fr. 50.

A l'arrivée des sucres, la spéculation à la hausse s'était rendue maîtresse du marché, et, favorisée par un large découvert, elle avait porté très au dessus des cours normaux le sucre N° 3, tandis que les sucres non livrables à terme ne montaient qu'insensiblement.

Au Havre et à Nantes, les tribunaux déclarèrent à bon droit que le prix devait être établi sur la base librement consentie par les parties ; elles ne pouvaient ignorer que cette base rendait la convention aléatoire, et auraient pu choisir, si elles avaient désiré éviter ce résultat, la cote de tout autre type ; pour repousser cette base, il aurait fallu un ensemble de preuves précises de la mauvaise foi de ceux qui avaient pour mission de l'établir : l'acheteur aurait pu, d'ailleurs, comme tout négociant, faire opposition à la cote s'il connaissait des circonstances de nature à en forcer la modification.

Ainsi donc, la cote officielle était la base adoptée par les parties et aucune raison sérieuse n'était fournie, d'en suspecter la sincérité : tandis que dans l'espèce jugée à Paris, le prix de rachat, bien que constaté par la cote officielle, n'était pas sérieux.

Et il résulte du pouvoir d'appréciation des tribunaux une protection sérieuse contre les étranglements.

Peut-être, lorsque la tentative de corner apparaît absolument nette, pourrait-on même aller plus loin que le tribunal de la Seine, écarter même les cours sérieusement pratiqués ; demander à l'acheteur de faire la preuve, en l'espèce, des deux éléments qui composent les dommages-intérêts ; la perte subie, le gain dont on a été privé. La marchandise qui ne lui a pas été livrée, en était-il vendeur lui-même, et s'est-il trouvé encourir des dommages-intérêts ? Et, s'il n'en est pas ainsi, aurait-il pu la revendre aux cours pratiqués ? Lorsque la quantité non livrée est importante, il est permis de se poser cette question ; et, en présence d'une hausse extraordinaire et factice, les juges pourraient adopter ainsi une base de règlement fort différente des cours pratiqués.

CONCLUSION

Ma conclusion sera simple; j'aurais atteint mon but si elle semblait ressortir naturellement des faits exposés.

Le marché à terme est un instrument très souple, il permet le jeu, l'encourage même dans une certaine mesure, en élargissant presque sans limite l'offre et la demande ; mais il forme la base du commerce d'importation, limite les risques du producteur et de l'industriel, se prête enfin à diverses combinaisons commerciales très variées et d'un maniement délicat, que j'ai étudiées sous le nom d'arbitrages. Si l'on considère également comme légitimes les opérations dans lesquelles on court le risque de la hausse et de la baisse, pourvu qu'elles soient faites, dans la limite de leurs moyens, par des négociants ou spéculateurs capables de les raisonner, on en arrive à croire que la majorité des marchés à terme constituent des affaires sérieuses.

Le jeu lui-même n'est pas absolument sans utilité; grâce à lui, on trouve plus facilement des contre-parties : mais par les exemples qu'il donne de fortunes trop rapidement faites, par l'exagération des hausses et des baisses, il nuit au vrai commerce.

Permettre au joueur de se dérober à ses engagements, c'est l'encourager; de plus, les tribunaux étant impuissants à distinguer exactement en fait — telle est la complexité des éléments à envisager et la diversité des points de vue — ce qui est jeu de ce qui est spéculation, l'exception de jeu entrave nécessairement les affaires légitimes. La condamnation des marchés qui ne doivent aboutir qu'à un règlement de différences est également injustifiée.

Sans prétendre supprimer le jeu, on peut indiquer ce qui est de nature à le restreindre. Les Caisses de liquidation, qui donnent aux contractants la sécurité et de grandes facilités de liquidation, exigent de leur côté des garanties complètes et découragent le joueur en limitant ses opérations à ses moyens réels. En prenant pour elles-mêmes des mesures de précaution, elles protègent le commerce contre des accaparements et des étranglements dont elles seraient les premières victimes. Le fait pour toutes les opérations de payer courtage est peut-être une garantie ; on ne peut jouer sur des différences minimes.

Enfin, l'existence dans les bourses d'une quotité minimum de négociation à terme assez élevée protège la petite épargne contre les tentations du jeu. Au Havre, cette quotité est de 50 balles pour les cotons, 500 sacs pour les cafés ; les sommes à verser dès le début de l'opération, à titre de déposit original, sont respectivement de 500 et 1,250 fr. Il convient, je crois, d'attacher un prix spécial à cette dernière garantie.

Il y a quelques années, on a vu s'établir et prospérer à New-York, à Chicago, les *Bucket-Shops*, sortes de petites bourses tenues par des particuliers. On ouvre au public un local quelconque, où les cours de la Bourse sont constamment transmis et affichés ; chacun peut se constituer acheteur ou vendeur à terme, vis-à-vis de l'établissement, d'une quantité même très faible de marchandises, moyennant un dépôt qui descend quelquefois, pour la quantité minimum, jusqu'à 10 et 5 francs. Suivant la hausse ou la baisse, un bénéfice est acquis, ou la mise est perdue ; en ce dernier cas, on peut, moyennant un nouveau versement, prolonger l'opération. Rien n'autorise à voir là de véritables marchés à terme. Une sorte de loterie à base de marchandise vient faire concurrence à la Caisse d'épargne.

Bien que le gouvernement ne soit pas intervenu, le moment de grand succès des bucket-shops semble être passé en Amérique. Il n'est pas certain qu'il n'existe rien d'analogue en France.

« Aujourd'hui, dit M. Leroy-Beaulieu dans *l'Economiste français* (30 déc. 1887), les opérations à terme et même les opérations à prime, c'est-à-dire avec dédit, sont devenues plus ou moins familières à des dizaines de mille, sinon des centaines de mille individus, aussi bien en province qu'à Paris. Ce ne sont plus seulement les membres des grands cercles qui jouent sur le Rio et le Tharsis comme ils jouent au baccarat et à la roulette. Mais des agences de toute nature vont dans le fond des provinces troubler le sommeil d'honnêtes bourgeois, de tranquilles employés, en leur offrant de faire, moyennant des versements de 15 à 20 francs par action, des achats à prime de valeurs de toutes sortes. »

Il peut y avoir de l'exagération dans ce tableau ; mais je crois à l'existence d'agences semblables, et à la possibilité pour elles de passer entre les différents articles du code pénal qui punissent l'escroquerie, l'abus de confiance, la tenue de maisons de jeux de hasard et de loteries non autorisées : je désirerais que la curiosité du Parquet fût éveillée, et qu'une enquête discrète fût menée sur toutes ces annonces qui s'étalent à la quatrième page de nos journaux, et viennent promettre « cinquante francs par mois, avec cent francs » au petit capitaliste. Le résultat serait peut-être de remplir les bancs de nos tribunaux correctionnels, peut-être aussi de constater dans nos lois répressives une lacune qu'il importerait de combler.

TABLE DES MATIÈRES

VERSAILLES, IMPRIMERIE CERF ET FILS, RUE DUPLESSIS, 59.